Dr Pierre Dukan

Les 100 aliments Dukan à volonté

Avec l'aide précieuse de Carole Kitzinger et de Rachel Levy

J'AI LU

Bienêtre

Du même auteur
aux Éditions J'ai lu

Photos © Fotolia.com - © Istock - © Dreamstime
© Éditions J'ai lu, 2010
Collection dirigée par Ahmed Djouder

SOMMAIRE

Les **volailles**

Les **légumes**

Les **sauces** "à la Dukan"

INTRODUCTION

Quand on a déclaré la guerre et que l'on s'apprête au combat, la consigne est de commencer par vérifier ses armes et ses munitions, ses cartes et ses provisions.

Maigrir est une guerre, particulière et parfois enrichissante, car on doit la mener contre soi. Plus de trente ans d'expérience de terrain m'ont appris que les plus grands adversaires de la lutte contre le surpoids sont les pacifistes, ceux qui pensent que les conseils de bon sens, l'appel à la raison et à l'équilibre peuvent suffire à la lutte contre les dangers et la violence du surpoids. Quand les barbares assiégeaient Byzance, les hiérarques discutaient du sexe des anges. Mâle ou femelle, pendant que la violence des Huns et des Alains pulvérisait les portes de la ville ! « Manger moins, bouger plus » est un vœu pieux quand il n'est pas assorti des moyens de le réaliser.

Donc, j'en reviens à ma guerre, à la méthode qui porte les 100 aliments de cet ouvrage. Je me dois de les inscrire dans leur contexte. Vous penserez peut-être que je dramatise en utilisant un vocabulaire aussi martial pour une simple affaire de surpoids. Vous auriez tort car ce qui aurait pu être une « simple affaire » il y a quinze ans est aujourd'hui devenu rien de moins qu'un tueur en série qui décime probablement plus que le sida et la grippe porcine réunis. Et je ne parle pas de ses dégâts collatéraux, de son coût économique et des souffrances qu'il inflige à celles et ceux qu'il transforme à n'en plus se reconnaître.

Laissez-moi parler de guerre car c'en est une, et le simple fait d'avoir acheté ce livre m'incite à penser que vous en avez conscience, vous dont je connais le désarroi pour vous avoir si souvent entendu me le confier depuis plus de trente ans. C'est d'ailleurs parce que je suis médecin et que je vous ai vu souffrir en me sentant désarmé que j'ai créé ma méthode, en tâtonnant, en ajustant, en améliorant, en écoutant vos interrogations, votre ressenti, vos suggestions.

Aujourd'hui, elle est bâtie, cohérente, structurée, globale et tout ce que vous m'en dites par lettre, courriel et en face à face me laisse à penser que cette méthode est prête pour être lancée dans la gueule ouverte du dragon, ce surpoids planétaire que rien jusqu'à présent n'a empêché d'avancer en terre conquise.

Pour cette méthode de guerre, j'ai façonné un plan de bataille, ses phases et ses épisodes et ses combats successifs, son objectif, le Juste Poids de Chacun, son drapeau, ses victoires mais aussi ses tranchées d'hiver et d'immobilité, ses revers et ses écarts. Et un jour, la bataille finale, la victoire avec un armistice autour d'un poids négocié. Accord signé, mais avec un ennemi qui attend son heure pour reprendre les armes et retrouver son butin perdu. Tout passe alors aux mains des civils qui doivent protéger cette paix, en apprendre les risques et s'en prémunir. Cette guerre a souvent été menée mais sans jamais parvenir à instaurer la paix, et sans elle, rien n'est vraiment gagné ni acquis.

Lectrice, lecteur, si vous avez acheté cet ouvrage, c'est que vous savez peut-être qui je suis, ou plutôt ce qu'est ma méthode, mais il est possible que vous ayez seulement été attiré par le titre de ce livre. Alors, je vais, en quelques pages, vous expliquer ce qu'il y a derrière ces aliments : un plan construit au fil des années, des décennies, un plan pour permettre à celles et ceux qui veulent maigrir d'y parvenir.

Ces 100 aliments, c'est ce carquois de flèches que vous emporterez avec vous pour affronter vos kilos, et vous en aurez bien besoin. Attention ! Ces 100 aliments réunis n'ont de sens qu'au sein de ma méthode car ils vous sont accordés sans restriction de quantités, de mélanges ni d'horaires, un buffet ! Avant de passer en revue ces 100 aliments, je consacrerai quelques pages à exposer les principaux axes de ma méthode.

Le fondement, les principes et la pratique de la méthode et du régime Dukan

La méthode à laquelle mon public a donné mon nom est l'entreprise de ma vie. Depuis que je suis médecin, d'abord généraliste, j'ai trouvé un immense plaisir à soigner tous ceux qui pouvaient l'être.

Quand je suis devenu nutritionniste, j'ai essayé d'appliquer ce que l'on m'avait enseigné et j'ai très vite compris qu'avec de tels moyens la partie était perdue d'avance.

J'ai donc très tôt construit un régime puis un plan puis une méthode, d'abord pour mes patients puis pour mes lecteurs, puis pour les internautes et enfin pour mes pairs médecins généralistes.

L'ensemble s'est organisé comme une communauté qui a progressivement traversé les frontières et les cultures.

Aujourd'hui, j'ai la conviction, avec trente-cinq ans de recul et d'expérience, de proposer le moyen le plus à même d'opposer une résistance à la progression du surpoids dans le monde.

Cette méthode est fondée sur six concepts clés :
- **100 aliments, 78 d'origine animale, 28 d'origine végétale.**
- **Ces 100 aliments sont prescrits À VOLONTÉ !**
- **Une structure forte en quatre phases successives prenant en charge la personne qui souhaite perdre du poids du premier jour jusqu'à toujours.**
- **Une priorité absolue accordée à la consolidation puis à la stabilisation définitive du Juste Poids.**
- **Une activité physique prescrite « comme pour un médicament, sur ordonnance » et une priorité absolue : LA MARCHE.**
- **Un suivi par coaching Internet quotidien, personnalisé avec consignes ALLER du matin et compte rendu RETOUR du soir.**

Ma méthode est conçue comme un TOUT. Chacune de ses étapes a sa mission propre, indissociable des trois autres. Il faut donc la suivre dans sa totalité ou ne pas la commencer. Et tout particulièrement les deux phases de stabilisation sans lesquelles l'ensemble est voué à l'échec.

En contrepartie, le régime dans son ensemble offre des avantages certains et votre motivation restera à coup sûr au beau fixe, pour trois raisons :

– La méthode vous offre une liste de consignes très précises formant un encadrement fort qui réduit hésitations, contraintes et frustrations.

– La méthode propose un régime totalement naturel. Et parmi les régimes naturels, c'est le plus performant d'entre eux.

– Enfin, ce régime n'est pas frustrant : aucune restriction de quantités n'est imposée.

Je vous livre ici les grands principes de ma méthode en un survol qui peut vous en faire comprendre le mode d'emploi. Mais si vous vous en sentez proche et motivé pour suivre mon régime, je vous conseille d'investir quelques euros dans l'achat en édition de poche de mon ouvrage *Je ne sais pas maigrir*[1]. Il vous fournira la compréhension de son mode d'action, une feuille de route complète et l'ensemble des réponses aux questions que peut se poser celle ou celui qui affronte son surpoids.

De plus, si vous estimez que vous avez besoin d'aide, de suivi, d'encadrement au quotidien, si vous voulez recevoir chaque matin vos consignes alimentaires, physiques et un soutien de motivation, si, chaque soir, vous voulez soumettre vos résultats afin de les voir pris en compte pour l'élaboration des consignes du lendemain, vous trouverez cette aide sur www.regimedukan.com. N'hésitez pas à préciser le code « 100aliments » pour bénéficier de l'offre faite à mes lecteurs.

Les quatre grandes étapes du régime Dukan

• **Phase 1 :** les protéines pures (PP)

C'est la phase d'attaque du régime. Elle est composée des 72 aliments parmi les plus riches en protéines. Le démarrage est foudroyant et la perte de poids très rapide et très motivante.

• **Phase 2 :** protéines + légumes (PL)

Après cette période d'attaque suit la phase de croisière au cours de laquelle vous ajouterez les 28 légumes aux 72 aliments protéinés, en faisant alterner une journée avec légumes et une journée sans légumes, jusqu'à atteindre votre Juste Poids.

1. *Je ne sais pas maigrir*, édition 2010 entièrement révisée et augmentée, J'ai lu.

- **Phase 3 :** phase de consolidation
  Le Juste Poids en poche, il vous faut à tout prix éviter le phénomène de rebond, l'inévitable tendance du corps à tenter de reprendre les kilos perdus. Attention ! Cette phase est stratégique, elle dure dix jours pour chaque kilo perdu.

- **Phase 4 :** phase de stabilisation définitive
  C'est le retour à l'alimentation spontanée avec trois mesures de protection simples, concrètes, efficaces mais non négociables et pour base arrière de sécurité, la somme des aliments de la phase de consolidation.

La phase d'attaque

Cette période est la plus motivante, car vous verrez l'aiguille de la balance descendre à une vitesse vertigineuse, un peu comme si vous jeûniez mais en mangeant À VOLONTÉ.

Ce plan d'attaque est une véritable machine de guerre. L'objectif, au cours de cette phase très brève, est de vous nourrir d'aliments parmi les plus naturels qui soient mais choisis parmi les plus riches en protéines en éliminant les autres nutriments. En réalité, il n'est pas possible d'éliminer totalement les glucides et les lipides de votre alimentation. En effet, à part le blanc d'œuf, il n'existe pas d'aliment exclusivement protéiné. Donc, votre régime regroupera un certain nombre d'aliments dont la composition est aussi riche que possible en protéines tout en étant aussi pauvre que possible en graisses et en glucides. C'est le cas de certaines viandes, poissons, fruits de mer, volailles sans la peau, œufs, jambons dégraissés et découennés, laitages à 0 % de MG.

Durée : cette période peut durer selon les cas et les individus entre deux et sept jours, selon le poids à perdre.

Résultats : la perte obtenue va de 1 kg pour des personnes ayant moins de 5 kg à perdre et une durée d'attaque de deux jours à 4 kg, voire cinq pour des personnes ayant 30 ou 40 kg à perdre et pour lesquelles la phase d'attaque peut durer une semaine, voire dix jours dans les grandes obésités.

La phase de croisière

La croisière, une alternance de protéines pures (PP) et de protéines + légumes (PL)

Cette deuxième phase fait suite à l'attaque et introduit les légumes dans des alternances variables selon les cas, le sexe, l'âge et le poids à perdre mais dont la plus simple est de un jour de PP alternant avec un jour de PL. Tout comme l'attaque, la croisière autorise la même totale liberté sur les quantités, les horaires et les mélanges. Ces deux phases successives composent l'équivalent d'un buffet. Dans ce buffet, tout est à vous mais ce qui n'y est pas n'est pas à vous, oubliez-le tant que vous n'avez pas atteint votre Juste Poids. C'est cette absence de restriction associée à la régularité de la perte de poids qui est le moteur de la méthode et qui permet de maigrir à l'abri de la faim et de sa frustration. Ces aliments composent un socle qui sera définitivement à vous pour la vie.

Durée : cette phase doit être conduite sans pause jusqu'à obtention du poids recherché à la vitesse moyenne de 1 kg par semaine.

La phase de consolidation

La réintroduction en deux temps

Cette phase, comme les trois autres, a sa mission propre. Elle a été conçue pour servir de transition entre le tout-régime et le non-régime. Ce passage est crucial et très technique car il s'agit d'introduire suffisamment d'aliments pour récompenser celle ou celui qui vient de décrocher son Juste Poids mais sans prendre le risque de le voir reprendre du poids, éviter, en somme, le classique et dévastateur « effet rebond ».

Votre organisme, ayant maigri sous la contrainte, va profiter de cette ouverture pour essayer de reprendre du poids, et ce avec d'autant plus d'énergie que la perte de poids a été importante.

Il dispose de deux moyens : réduire drastiquement ses dépenses et augmenter ses recettes en profitant au maximum des aliments consommés. Un repas copieux qui n'aurait eu que peu d'effet avant le début du régime sera lourd de conséquences au cours de cette période. C'est pourquoi les quantités d'aliments trop riches seront encore écartées afin d'attendre, sans risques, le retour au calme du métabolisme et l'épuisement de l'effet rebond, si souvent en cause dans l'échec des régimes amaigrissants.

Durée : elle est liée à l'importance du poids perdu et se calcule très simplement : dix jours de consolidation par kilo perdu. Ex : 10 kg de perdus, 100 jours de consolidation ; 5 kg, 50 jours.

Aux 100 aliments protéinés et légumes de la croisière, viennent s'ajouter un puis deux fruits, deux tranches de pain complet, 40 g de fromage à pâte cuite, une puis deux portions de féculents par semaine et un puis deux repas de gala par semaine. Le tout sous protection d'un jeudi de protéines pures.

La phase de stabilisation ultime

Trois mesures simples pour toujours

Quiconque a suivi un régime et a maigri sait très bien, pour l'avoir appris à ses dépens, que le fait de perdre du poids n'apporte, en soi, aucune garantie de stabilité du poids obtenu. Au contraire, tout régime donne au corps la possibilité et le temps d'apprendre à résister aux régimes.

Il est donc crucial que le poids consolidé continue de rester sous contrôle, sous alerte et sous ripostes graduées en fonction de la reprise. Mais il importe tout autant que ce contrôle soit suffisamment souple et discret pour être accepté sur le long terme.

Ce contrôle est assuré par trois mesures simples, concrètes, faciles et non douloureuses mais « non négociables » :
- Le jeudi de protéines pures
- L'arrêt des ascenseurs + 20 minutes de marche
- Trois cuillères à soupe de son d'avoine.

Durée : aussi longtemps que possible ; mieux, le reste de votre vie… afin de pouvoir manger comme tout le monde sans reprendre de poids.

Le son d'avoine

Cet aliment est certes un de mes 100 aliments mais il est infiniment plus que cela, il en est l'un de ses fondements. C'est le seul aliment au monde pouvant se prévaloir d'une action amaigrissante. Pourquoi ? Parce qu'il possède deux propriétés physiques qui, dès son entrée dans le tube digestif, le transforme en une véritable éponge visqueuse et collante aux vertus amaigrissantes.

Absorption. Ses fibres solubles sont capables d'absorber en moyenne jusqu'à vingt-cinq fois leur volume d'eau. Une cuillère à soupe de 12 g, dès son arrivée dans l'estomac, se gorgera de 300 g d'eau et formera une boule de 312 g suffisamment volumineuse pour entraîner un rassasiement rapide et une satiété durable.

Viscosité. Le son arrive dans l'intestin grêle mêlé aux aliments. À ce stade, il s'agit d'une bouillie riche et nutritive qui s'apprête à passer dans le sang. C'est à ce moment que le son développe son rôle majeur. Par sa haute viscosité, il colle à tout ce qui l'entoure, fixe et capte les nutriments de contact et les calories qu'ils contiennent et les entraîne avec lui dans les selles, hors du corps, produisant ainsi une déperdition de calories, modeste certes mais pouvant être répétée souvent et long-temps.

D'autre part, en plus de son action sur le surpoids, le son d'avoine freine l'assimilation des sucres, réduit le cholestérol et facilite le transit. Magique !

Le son fait partie intégrante de ma méthode. Je le prescris à des doses qui varient en fonction des phases. Il s'intègre ainsi dans mon plan :

- Une cuillère et demie à soupe par jour en phase d'attaque.
- Deux cuillères à soupe par jour en phase de croisière.
- Deux cuillères et demie à soupe par jour en phase de consolidation.
- Trois cuillères à soupe par jour en phase de stabilisation.
- Le son d'avoine s'achète dans les boutiques diététiques ou bio et depuis peu chez Monoprix. Il se consomme sous forme de galettes, de crêpes, de muffins, de porridge, etc.

Attention, tous les sons d'avoine n'ont pas la même efficacité.*

La plupart des sons d'avoine actuels sont fabriqués de manière traditionnelle pour leur seul usage culinaire pas toujours adapté à son usage santé et amaigrissant. Ces nouvelles propriétés médicinales dé-pendent essentiellement de sa mouture et de son blutage.

La mouture, c'est le degré de broyage et la taille de ses particules. Un son trop moulu et trop fin est plus facile à cuisiner mais perd l'essentiel de ses actions santé et minceur. Un son trop gros perd de sa viscosité et de son action de déperdition calorique.

*Pour en savoir plus, www.sondavoine.com

Le blutage sépare la farine d'avoine riche en sucre du son d'avoine pauvre en sucre et riche en fibres et en protéines. Un son insuffisamment bluté est trop sucré, plus doux mais moins amaigrissant.

J'ai personnellement travaillé avec le corps des ingénieurs agronomes de Finlande, premier pays européen producteur de son d'avoine, pour mettre en relation les données cliniques et biologiques et les techniques de fabrication. Ce travail commun a permis de définir un indice d'optimisation des propriétés nutritionnelles du son d'avoine qui associe une mouture moyenne bis et un blutage de 6e séparation. Pour l'instant, cette optimisation élève légèrement le coût de fabrication mais une concertation des producteurs européens permettra d'uniformiser le coût du son culinaire et du son nutritionnel.

L'activité physique : la marche

Dans un projet amaigrissant, l'activité physique n'est pas nécessaire, elle est indispensable !

Aussi, j'ai cessé de m'en tenir à la conseiller, désormais, je la prescris à la manière d'un médicament, « sur ordonnance ». Et de manière surprenante, ce simple passage du conseil à la prescription change radicalement la donne, la consigne est suivie.

Bouger est ainsi devenu le second moteur de ma méthode que j'ai appelé l'APPSO : Activité Physique Prescrite Sur Ordonnance.

De la marche comme un médicament amaigrissant

De toutes les activités physiques, j'ai choisi de promouvoir la marche. Pourquoi ? Parce que c'est l'activité la plus naturelle, la plus efficace, la moins onéreuse et la moins traumatisante. Elle peut se pratiquer n'importe où et à n'importe quelle heure, en n'importe quelle tenue. C'est également la seule qui puisse être proposée sans risque à l'obèse, quel que soit son poids.

La marche doit se pratiquer d'un pas régulier et ininterrompu en respirant amplement car l'oxygénation est un outil négligé dans la lutte contre le poids. Ne jamais oublier que les métabolismes ont besoin d'oxygène pour brûler efficacement les graisses de réserve.

Ma prescription s'intègre ainsi dans mon plan :
- 20 min/jour en phase d'attaque.
- 30 min/jour en phase de croisière.

Dans cette phase, inéluctablement traversée par des périodes de ralentissement ou de stagnation, appelés « paliers » et première cause d'abandon ou d'échec, passer de trente minutes à une heure par jour pendant quatre jours pour « casser le palier ».
- 30 min/jour en phase de consolidation.
- 20 min/jour en phase de stabilisation.

L'activité physique utilitaire incluse naturellement dans le quotidien

En dehors de la marche, je conseille résolument de profiter de chaque occasion de la vie quotidienne pour utiliser son corps à des fins utilitaires afin de réintroduire le corps dans « la vraie vie ».

Essayez de reprendre à l'armée des robots éradicateurs de mouvement, aux gadgets paralysants, ce qui constitue la moitié de votre personne, votre corps. Il ne s'agit pas ici de philosophie mais, dans votre cas, de lutte ouverte contre le surpoids.

Abandonnez l'ascenseur, sortez votre chien si vous en avez un, faites vos courses à pied, faites votre vaisselle à la main, faites votre lit, passez l'aspirateur, jardinez. Retrouvez ce pour quoi votre corps est fait, avec ses huit cents muscles. Leur simple existence, leur nombre et la profondeur de leur intégration cérébrale prouvent qu'ils sont de toute première importance dans la vie d'un humain. Et que leur abandon ne peut se solder que par une « punition ».

Enfin, essayez de changer le regard que vous portez sur le geste et le mouvement. Appliquez-vous à ne plus considérer l'effort comme une tâche fastidieuse, inamicale et inutile mais comme un geste et un mouvement qui ont du sens et qui vous veulent du bien. Lorsqu'un objet vous glisse des mains et tombe au sol, ne maugréez pas, ramassez-le avec un luxe d'efforts, pliez les genoux plutôt que de courber le dos. Cela peut paraître anodin mais je peux vous assurer que vous inverserez l'ordre des choses à la racine.

Le suivi personnalisé et quotidien en ligne, un outil majeur de la méthode

Le Juste Poids. Maigrir et ne pas regrossir est une entreprise beaucoup plus difficile et complexe qu'il n'y paraît. Parvenir au Juste Poids demande un vrai déclic et une vraie motivation, et pour ceux qui ont beaucoup de poids à perdre, un bon régime. Mais pour que ce poids atteignable soit aussi conservable, il faut bien autre chose, et c'est parce que l'on a souvent confondu ces deux poids que l'on a souvent fait maigrir mais induit des reprises de poids désespérantes.

Chercher à maigrir durablement et à guérir du surpoids exige que vous connaissiez le poids qu'il vous est possible d'atteindre et de conserver. Chaque individu, en fonction de son sexe, de son âge, de son histoire familiale et de son hérédité, de son ossature, du nombre de grossesses portées, de l'historique de son combat face à son surpoids et du nombre de régimes déjà suivis, détient un poids qu'il peut atteindre et dans le même temps espérer pouvoir garder. Ce poids, je l'ai appelé le Juste Poids de Chacun. Pour le calculer, allez sur le site **www.regimedukan.com** et répondez aux onze questions posées et vous obtiendrez ce poids repère, son calcul est gratuit. La connaissance de ce poids ne relève pas de la simple curiosité, elle est hautement stratégique car elle définit un repère et une norme calculée en fonction de critères médicaux. Le connaître permet de ne pas partir en lutte avec un objectif irréaliste, ou pire, un objectif poids qui recule à mesure que vous maigrirez, ou pire encore, un poids que vous ne pourrez pas conserver et qui vous obligera à l'échec.

Le suivi et le coaching sur Internet

D'autre part, près de deux millions de lecteurs ont acheté mon ouvrage *Je ne sais pas maigrir* qui contient le fondement et la pratique de ma méthode. Je ne connais pas le nombre de celles et ceux qui, l'ayant lu, ont suivi mon régime, de ceux qui ont atteint leur Juste Poids et moins encore le nombre de ceux qui, ayant été au bout de ses quatre phases, ont stabilisé ce poids sur la durée.

Je sais, pour recevoir de nombreux courriers ou mails, qu'une bonne proportion a réussi à maigrir et a stabilisé le poids obtenu mais que d'autres se sont arrêtés là, n'ont pas enclenché les deux dernières phases de consolidation et de stabilisation et ont repris une partie de leur poids.

En revanche, d'autres m'ont fait savoir qu'ils avaient parfaitement compris et adhéré à l'esprit de la méthode mais qu'ils n'avaient pas la force de faire la course en solitaire. Ils éprouvaient le besoin, pour y parvenir, d'être accompagnés, dirigés, guidés et encadrés jour après jour, kilo après kilo.

Cela, je l'ai toujours compris, moi pour qui cet accompagnement est devenu l'essence de ma vie professionnelle et qui constate chaque jour combien il est difficile d'abandonner cette facilité de bouche qui aide à faire passer toutes les oppressions, insatisfactions et tous les stress de la vie actuelle, tant professionnelle qu'affective ou sociale.

Pour ces femmes et ces hommes en surpoids et qui en souffrent sans pouvoir y remédier, j'ai cherché une solution d'accompagnement à la fois personnalisée mais applicable à grande échelle car il n'existe en France qu'un peu plus de trois cents médecins nutritionnistes pour vingt millions de personnes en surpoids médical. En son temps, j'avais trouvé révolutionnaire l'expérience du suivi d'encadrement de régime proposée par Weight Watchers. L'intérêt de ses groupes de réunion était tellement fort qu'il parvenait à compenser la faiblesse du régime des Weight Watchers fondé hélas sur l'archaïque système des calories. Aujourd'hui, l'irruption des nouvelles technologies et la facilité des échanges par Internet permettent d'éviter de se déplacer et d'avoir à partager en direct ses résultats et son intimité.

J'ai donc décidé d'adapter ma méthode à un suivi personnalisé par Internet.

À l'époque où j'ai pris cette décision, il existait déjà en France, et plus encore aux États-Unis, des sites de coaching du surpoids. Je les ai donc consultés, testés et analysés en professionnel pour m'inspirer de leur démarche. J'ai eu la surprise de constater qu'aucun d'eux, pas même les majors américains cotés en Bourse, ne proposait de relation personnalisée et encore moins de suivi réel. Aucun d'eux ne prenait ni, aujourd'hui encore, ne prend en compte ce qui est l'essence et la définition du coaching : la personnalité de ses adhérents et le suivi de leur parcours puisqu'il ne recevait aucun compte rendu de leurs résultats et performances du jour pour établir les consignes du lendemain.

Un vrai coach du surpoids doit pouvoir dire à la personne qu'il suit et encadre : « Je te connais, je sais qui tu es, pourquoi tu as grossi et je vais te dire, jour après jour, ce que tu dois faire pour maigrir, et toi, de ton côté, chaque soir, tu me diras comment tu as suivi mes consignes pour que demain je puisse te corriger et te donner les moyens de réparer ou des félicitations pour entretenir ta motivation. »

Sur ce constat d'insuffisance, j'ai décidé de construire un site qui assure cette personnalisation et ce suivi interactif sur **www.regimedukan.com**. J'avais acquis quatre ans plus tôt une expertise dans ce domaine en créant avec une équipe de trente-deux médecins bénévoles et une équipe d'ingénieurs en intelligence artificielle le *Livre de mon poids*. Cent cinquante-quatre questions nous donnaient toutes les spécificités d'un individu qui permettaient d'éditer pour lui, et pour lui seul, un livre imprimé en un unique exemplaire et de l'envoyer par la poste à son commanditaire (à découvrir sur **www.livredemonpoids.com**).

J'ai utilisé cette expérience pour créer ce site de coaching avec un profiling fondé sur quatre-vingts questions et une procédure de communication brevetée, **le canal EARQ : Email Aller-Retour Quotidien**. Ce canal permet d'assurer un envoi de consignes globales chaque matin et de recevoir chaque soir le compte rendu de l'utilisateur, de son poids, de ses écarts, de son suivi d'activité physique, de sa motivation, de ses frustrations, éléments sans lesquels aucun suivi n'est imaginable. Aujourd'hui encore, hélas, en quelque pays du monde où vous vous inscriviez sur un site de coaching, que vous soyez un homme ou une femme, un adolescent ou une femme ménopausée, sportif ou sédentaire et grand fumeur, vous recevrez le même message et les mêmes consignes, et personne ne saura si vous avez ou non suivi ces consignes.

Je prêche depuis trois ans au sein de mon association internationale de nutritionnistes R.I.P.O.S.T.E. pour qu'un tel service se mette en place en proposant de partager ma technologie. Je l'ai personnellement proposée au commissaire européen à la Santé et j'espère que cela se réalisera un jour car il existe déjà 1,3 milliard de personnes en surpoids dans le monde !

LA CÔTE DE **VEAU**

C'est un morceau très apprécié. Beaucoup moins gras que la côte de bœuf et donc moins goûteux. Attention, la côte varie selon son niveau : la côte première est la plus charnue mais un peu grasse sur les bords. La côte seconde est encore plus grasse mais sa noix est moins belle. La côte découverte est moins large, plus riche en aponévrose et plus ferme. La côte filet a son os en T et porte son pendant de filet. C'est la plus large et elle convient aux gros mangeurs. Sans le filet, c'est la classique côte de veau.

- **Ses caractéristiques nutritionnelles** générales
  Riche en protéines (24 g pour 100 g) et source de zinc, fer, phosphore, et de vitamines B12 et PP. Les côtes de veau sont les morceaux de l'animal qui contiennent le plus de lipides (15,4 g pour 100 g).

- Son rôle dans le **régime Dukan**
  C'est un morceau très maigre donc intéressant à condition que l'on ôte bien la petite bordure du côté opposé à l'os dont le dépouillement prend du temps.

- Les préparations culinaires dans le **régime Dukan**
  Sortir 30 minutes avant de cuire car une viande froide cuit mal. On peut cuire les côtes de veau en papillotes ou les préparer à la poêle Tefal avec le jus d'un demi-citron, des feuilles de basilic et de la ciboulette, des oignons en tranches et des courgettes en morceaux ou en spaghettis. On trouve des côtes de veau désossées en grenadins (cœur de côte) chez Picard.

CÔTES DE **VEAU**
VICTORIENNES

Préparation : 15 min
Cuisson : 50 min
Pour 2 personnes

500 g de tomates
en conserve

150 g de carottes râpées

150 g de céleri haché

1 cuillère à café
de basilic haché

2 côtes de veau

Sel, poivre

- Versez le contenu de la boîte de tomates dans un récipient.

- Ajoutez les carottes, le céleri, le basilic, sel et poivre. Mélangez.

- Placez la viande entre deux couches de cette préparation dans un petit plat allant au four.

- Faites cuire à four modéré, durant 40 à 50 min.

L'ESCALOPE DE **VEAU**

Morceau extrêmement maigre, mais tout de même très tendre, qui nécessite une préparation savoureuse pour ne pas en subir la fadeur. L'escalope de veau peut perdre sa tendreté si la cuisson est trop vive.

- Ses **caractéristiques nutritionnelles** générales
  Extrêmement maigre (2,5 g de lipides pour 100 g) et extrêmement riche en protéines (31 g). Riche également en vitamine B12.

- Son rôle dans le **régime Dukan**
  Cette escalope, en concurrence avec l'escalope de dinde, permet de varier et fournit des protéines d'excellente qualité. Vous pouvez choisir les morceaux issus des trois noix : la noix la plus tendre à grain de chair très fin, la noix pâtissière aussi tendre (l'escalope y est plus petite), la sous-noix donnant l'escalope, au grain plus gros et moins tendre.

- Les préparations culinaires dans le **régime Dukan**
  De façon basique, la cuire à feu doux et lui ajouter une sauce à base d'ail, d'oignons hachés cuits dans un coulis de tomates aux aromates. Réchauffer au four. On peut aussi la préparer aux fines herbes et la dorer à la poêle. On peut également la paner en préparant une sauce avec jaune d'œuf, son d'avoine et Bridelight.

ESCALOPE DE **VEAU** MILANAISE DUKAN

Préparation : 5 min
Cuisson : 6 min
Pour 2 personnes

2 tranches d'escalope
de veau très fines

2 œufs

2 cuillères à soupe
de son d'avoine

1 citron

Persil

Sel

Poivre

- Dans une assiette, battez les œufs, assaisonnez avec poivre et sel et passez les escalopes dans cette préparation. Versez le son d'avoine dans une assiette et passez ensuite chaque escalope dans le son et les retournant recto verso.

- Refaites un passage rapide en trempant à nouveau dans l'œuf puis dans le son d'avoine pour avoir une couche épaisse de chapelure.

- Faites chauffer une poêle que vous aurez préalablement huilée avec 3 gouttes d'huile puis essuyée avec de l'essuie-tout. Placez les escalopes dans la poêle et faites cuire 3 min de chaque côté.

- Assaisonnez d'un léger filet de citron et servez avec du persil et quelques rondelles de citron.

LE FAUX-FILET DE **BŒUF**

Morceau du boeuf posé sur le filet d'où son appellation de faux-filet ou de contre-filet. Cette partie de l'aloyau est légèrement persillée, possède plus de graisse que le filet et est un peu moins tendre. C'est le célèbre Churrasco des Sud-Américains.

• Ses **caractéristiques nutritionnelles** générales
Très riche en protéines (20 g pour 100 g) et bonne source de fer (3 mg/100 g) et en vitamines B.

• Son rôle dans le **régime Dukan**
Intéressant car bonne source de protéines et de fer. Un steak de 100 g fournit, après assimilation, autant de fer que 2 kg d'épinards.

• Les préparations culinaires dans le **régime Dukan**
Le faux-filet se prête à toutes les préparations culinaires en rôtis et grillades. Comme pour toutes les viandes rouges, attention à la cuisson du faux-filet qui doit être grillé le plus rapidement possible à feu vif ou au four très chaud pour former une croûte imperméable afin de conserver les sucs de la viande. Ne salez qu'à mi-cuisson pour éviter la fuite des sucs et du sang. Existe en surgelés en tranches ou en rôti, et mariné avec fondue d'échalote chez Picard.

$\mathcal{L}$E **FAUX-FILET**
MARINÉ & GRILLÉ

Préparation : 20 min
Marinade : 5 heures
Cuisson : 4 min
Pour 2 personnes

1 tranche épaisse
de faux-filet de 500 g

30 cl de vinaigre balsamique

1 cuillère à café
de moutarde

1 gousse d'ail

10 g de gingembre frais

1/2 cuillère à café
de quatre épices

1 petit bouquet garni

Cerfeuil

Sel

1/2 cuillère à café
de poivre en grains

- Pressez l'ail et le gingembre pelé dans une assiette creuse. Ajoutez le vinaigre balsamique, le bouquet garni, les quatre-épices, la moutarde, le sel et le poivre concassé.

- Coupez la tranche de faux-filet en 2. Placez les deux tranches dans cette marinade. Couvrez de film alimentaire et laissez mariner 5 h en retournant la viande à mi-parcours.

- Au moment de la cuisson, après la marinade, égouttez la viande et séchez-la rapidement avec un essuie-tout. Prélevez la moitié de la marinade en la filtrant avec une passoire, et faites-la réduire à feu doux dans une poêle.

- Faites chauffer un grill antiadhésif et posez dessus les tranches de faux-filet. Faites cuire 3 à 4 min de chaque côté, puis laissez reposer 5 min dans une feuille de papier d'aluminium.

- Pendant ce temps, terminez la sauce en chauffant la marinade déjà légèrement réduite. Goûtez pour l'assaisonner. Servez aussitôt avec la sauce en ajoutant sur la viande du cerfeuil ciselé.

LE FILET DE **BŒUF**

C'est le morceau le plus tendre, le plus raffiné et le plus goûteux, mais le plus recherché et donc le plus cher du bœuf. On peut y découper des chateaubriands (cœur de filet) et des tournedos. Il est également parfait pour être rôti, selon l'animal et l'élevage.

- Ses **caractéristiques nutritionnelles** générales
  Très riche en protéines (20 g pour 100 g), sa teneur en matière grasse peut varier entre 5 et 15 % (généralement 10 %). 180 calories pour 100 g.

- Son rôle dans le **régime Dukan**
  C'est une viande à réserver pour des moments de dégustation. De très nombreuses recettes de différents pays le préparent.

- Les préparations culinaires dans le **régime Dukan**
  À préparer en filet poêlé, le grand classique, ou en rôti. En consolidation ou en stabilisation, Strogonoff ou filet en croûte sont à rechercher. Existe en surgelé chez Picard par sac de quatre tournedos.

$\mathcal{L}$ARMES DU **TIGRE**

Préparation : 5 min
Marinade : 5 heures
Cuisson : 6 min
Pour 2 personnes

2 filets de bœuf
de 150 g environ

Coriandre

Ciboulette thaïe émincée

Pour la marinade
3 cuillères à soupe
de sauce d'huîtres

1 cuillère à soupe
de sauce de soja

1 cuillère à soupe
de cognac

1 gousse d'ail écrasée

1 cuillère à café
de poivre en grains

Pour la sauce
2 cuillères à soupe
de jus de citron vert

1 cuillère à café
de sauce nuoc-mâm

1/2 cuillère à café
d'édulcorant liquide

- Préparez la marinade en mélangeant sauce d'huîtres, de soja, cognac, ail écrasé et poivre en grains concassé.

- Couvrez de film alimentaire et laissez tremper les filets de bœuf dans cette marinade pendant 5 heures minimum en retournant la viande à mi-parcours.

- Préparez la sauce en mélangeant le jus de citron vert, la sauce nuoc-mâm et l'édulcorant liquide.

- Au moment de servir, faites griller les filets de bœuf dans une poêle, de préférence en fonte brûlante. Faites cuire la viande à point.

- Émincez ensuite la viande en très fines lamelles, arrosez-la de sauce, et parsemez le tout de coriandre et de ciboulette émincées.

LE FOIE DE **VEAU**

C'est l'un des morceaux les plus recherchés et qui tient une place d'honneur dans les boucheries. C'est l'un des morceaux les plus coûteux. Attention, ne confondez pas foie de veau et foie de génisse, ce dernier étant souvent du foie de bœuf vendu sous cette appellation avantageuse.

- Ses **caractéristiques nutritionnelles** générales
  Très riche en protéines (24 g pour 100 g), il constitue aussi un apport très important en vitamines PP, B12 et A et en fer.

- Son rôle dans le **régime Dukan**
  Maigre, goûteux, tendre, rempli de vitamines de toutes sortes, son seul inconvénient est d'être extrêmement riche en cholestérol et d'être un organe, ce qui peut le rendre moins appétissant.
  D'une grande richesse nutritionnelle, il est conseillé d'en déguster une fois par semaine, sauf si l'on a des problèmes de cholestérol et de goutte.

- Les préparations culinaires dans le **régime Dukan**
  Le foie de veau se déguste en tranches poêlées. Le faire cuire à feu très doux car le saisir le rétracte et le durcit. Ne saler qu'après cuisson. On peut le préparer à la poêle avec des oignons et du vinaigre « à la vénitienne ».

ℱOIE DE **VEAU**
AU VINAIGRE DE FRAMBOISE

Préparation : 3 min
Cuisson : 12 min
Pour 2 personnes

2 tranches de foie
de veau

1 petit oignon coupé
en fines rondelles

1 échalote hachée

2 cuillères à soupe de vinaigre
de framboise

2 cuillères à café
de thym

1 feuille de laurier

Sel

Poivre

- Faites revenir les rondelles d'oignon et l'écha-lote sur feu moyen dans une poêle antiadhésive. Une fois la préparation dorée, réservez dans une assiette.

- Placez les tranches de foie de veau dans la poêle et faites cuire environ 4 min de chaque côté. Salez, poivrez et réservez en couvrant pour maintenir au chaud.

- Remettez à chauffer la préparation oignon et écha-lote, ajoutez le vinaigre de framboise, le thym et le laurier.

- Laissez chauffer 2 min en remuant et ajoutez les tranches de foie pour les réchauffer dans la préparation. Servez immédiatement.

LE **JAMBON** DÉCOUENNÉ
DÉGRAISSÉ DE PORC

Le jambon de ce type, allégé, constitue une vraie révolution dans l'offre de la grande distribution. Il est savoureux, sûr, issu de grandes marques qui ont les moyens d'en sécuriser la production.

• Ses **caractéristiques nutritionnelles** générales
Sur le plan nutritionnel, c'est un aliment peu calorique (120 calories), très riche en protéines (20 g pour 100 g) avec 4 g de lipides aux 100 g. Il constitue, avec les jambons de volaille, l'un des aliments ayant la meilleure fiche technique des aliments Dukan.

• Son rôle dans le **régime Dukan**
Il est extrêmement utile et utilisé en raison de sa facilité d'emploi. Au déjeuner car il est peu coûteux et utilisable sur le pouce pour tous ceux qui n'ont ni cantine, ni le temps, ni les moyens du restaurant quotidien. Il semble, selon les témoignages de celles et ceux qui le consomment, que ce type de jambon ne développe pas de lassitude si on sait l'alterner avec d'autres comme les jambons de dinde et de poulet.

• Les préparations culinaires dans le **régime Dukan**
Bien enveloppé sous blister, il est facile à transporter et est consommable n'importe où, au bureau, en voiture… sans aucune odeur ni nuisance. Il se consomme le plus souvent à la bouche, notamment à l'heure du repas. Mais il peut être utilisé dans des préparations comme l'omelette et tout spécialement l'omelette de blancs sans les jaunes, en un petit tas de jambon haché menu. Il peut aussi être gratiné avec des endives braisées, utilisé en soufflé au jambon, ou encore dans la pizza Dukan au son d'avoine.

ƐNDIVES AU **JAMBON** BÉCHAMEL DUKAN

Préparation : 10 min
Cuisson : 20 min
Pour 2 personnes

4 endives

4 tranches de jambon découenné dégraissé

50 cl de lait écrémé

40 g de Maïzena

Voile de gruyère râpé allégé

Noix de muscade râpée

Sel

Poivre

- Préparez la sauce Béchamel Dukan. Versez la Maïzena dans le lait encore froid, puis tournez avec votre spatule. Mettez sur feu doux et tournez jusqu'à épaississement.

- Ajoutez sel, poivre et noix de muscade.

- Mettez la béchamel Dukan autour de vos endives puis enroulez chacune d'entre elles dans une tranche de jambon.

- Versez le reste de la béchamel Dukan sur les endives enroulées dans votre plat à gratiner.

- Ajoutez un voile de gruyère râpé allégé (facultatif). Placez au four pendant 15 min.

LA **LANGUE**

Abat de consommation courante. Sous forme de langue écarlate, c'est le seul abat qui se consomme conservé. La langue ne laisse pas indifférent : on l'aime ou on la déteste !

- Ses **caractéristiques nutritionnelles** générales
  Bonne teneur en protéines (17 g pour 100 g), et relativement pauvre en lipides (10 g pour 100 g), ce qui en fait un morceau relativement maigre. Abat le plus pauvre en cholestérol, mais aussi le plus pauvre en fer.

- Son rôle dans le **régime Dukan**
  La langue de bœuf permet de diversifier sa consommation d'abats et de protéines. Elle convient avec modération au sujet à risque cardio-vasculaire.

- Les préparations culinaires dans le **régime Dukan**
  Elle se consomme souvent avec une sauce piquante, une sauce tomate ou en pot-au-feu.

*L*ANGUE DE BŒUF
SAUCE PIQUANTE

Préparation : 15 min
Cuisson : 2 heures 30
Pour 2 personnes

1 langue de bœuf
2 bouillons cubes dégraissés
1 cuillère à soupe de Maïzena
4 cuillères à soupe
+ 1 verre de vinaigre blanc

1 petite boîte de concentré
de tomates
1 pointe d'harissa
10 cornichons
tranchés finement

- Rincez la langue de bœuf à l'eau froide et faites-la tremper 1/4 d'heure dans de l'eau froide avec le verre de vinaigre blanc.

- Déposez la langue de bœuf dans un faitout et recouvrez-la d'eau, ajoutez les 2 bouillons cubes de bœuf et faites-la cuire pendant 2 heures 30 à partir de l'ébullition, en écumant régulièrement.

- Lorsque la langue est cuite, retirez-la du bouillon et enlevez la peau qui se détache facilement. Coupez-la en tranches régulières. Disposez les tranches dans un saladier et recouvrez-les avec un peu de bouillon afin qu'elles ne se dessèchent pas.

- Préparez une sauce avec une cuillère à soupe de Maïzena et un premier verre de bouillon de cuisson préalablement filtré à la passoire. Une fois bien mélangé, ajoutez un second verre, puis encore 3 autres verres de bouillon.

- Faites chauffer à feu moyen jusqu'à ce que votre sauce épaississe en mélangeant sans arrêt à l'aide d'un fouet. Ajoutez le concentré de tomates, les cuillères à soupe de vinaigre blanc, la pointe d'harissa et les cornichons coupés en tranches fines.

LE **LAPIN**

Le lapin d'élevage fournit une viande très savoureuse et très appréciée de la majorité des consommateurs.
Son seul défaut, pour les paresseux et les pressés, est la nécessité de le préparer.

• Ses **caractéristiques nutritionnelles** générales
La viande de lapin est maigre, riche en bonnes protéines (22 g dans 100 g de râble). Le lapin se nourrissant de luzerne, sa viande est riche en oméga 3.

• Son rôle dans le **régime Dukan**
Pour moi, la nécessité de préparer le lapin est un grand avantage car préparation rime avec implication et diversité des saveurs obtenues. De plus, la découpe de lapin offre une bonne variété de morceaux, de goûts et de textures différents. En outre, le muscle et la chair du lapin sont de consistance ferme et résistante sous la dent, tout en étant une viande de plaisir, moelleuse et goûteuse. Enfin, le prix du lapin est à conseiller à tous les budgets.

• Les préparations culinaires dans le **régime Dukan**
Le classique des classiques est le lapin à la moutarde qui enchante même les enfants, car la moutarde perd sa saveur piquante à la cuisson. Le lapin se cuit au four, en papillotes, en brochettes, au barbecue. Le morceau préféré est le râble. On le cuisine aussi en terrine, l'une des plus maigres qui soit. En hachis, il faut aussi penser systématiquement au lapin.

ℒAPIN À LA MOUTARDE

Préparation : 15 min
Cuisson : 20 min
Pour 2 à 3 personnes

1 beau lapin entier	1 oignon coupé
vinaigre blanc	Persil
3 cuillères à soupe de moutarde	Sel
2 cuillères à soupe de vinaigre balsamique	Poivre

- Coupez, nettoyez et dégraissez le lapin. Lavez au vinaigre blanc, rincez et essuyez les morceaux.

- Placez une grosse cocotte sur un feu vif et ajoutez-y le vinaigre balsamique.

- Versez les morceaux afin de les faire brunir et remuez de temps en temps. Après 5 min de cuisson, ajoutez l'oignon coupé en petits dés, du sel, du poivre, du persil et laissez cuire encore 5 min.

- Ajoutez la moutarde, remuez et fermez la cocotte. Laissez cuire 15 min après le départ de la soupape.

LE ROGNON DE **VEAU**

Il s'agit d'un abat, un aliment fin, rare et délicat, qui correspond aux reins de l'animal.

- Ses **caractéristiques nutritionnelles** générales
Riche en protéines (17 g pour 100 g), très riche en fer et en vitamine B12. Malheureusement, teneur très riche en cholestérol et acide urique (à exclure pour les sujets à risque cardiovasculaire, goutte, surchargés en acide urique).

- Son rôle dans le **régime Dukan**
Finesse et tendreté sont directement liées à l'âge de l'animal et le rognon de veau est le plus recherché pour cette raison. Consommez-le aussi clair que possible, presque beige qui indique une alimentation du veau exclusivement au lait. Plus il sera rouge, plus il aura un goût fort et moins agréable

- Les préparations culinaires dans le **régime Dukan**
Consommer grillé ou à la poêle, avec du sel et du thym et une petite cuillère d'huile étalée au Sopalin. Sur brochettes, servi avec un sauté de tomates et un bouquet de cresson. Aliment coûteux.

ROGNONS
À LA TOMATE ET SON DUKAN

Préparation : 3 min
Cuisson : 12 à 15 min
Pour 2 personnes

200 g de rognons de veau ou de bœuf

4 tomates pelées ou 1/2 boîte

1 cuillère à soupe de son de blé

1 cuillère à soupe de son d'avoine

Sel,

Poivre

- Faites cuire les rognons dans une poêle antiadhésive jusqu'à ce qu'ils se colorent.

- Ajoutez les tomates pelées, le sel, le poivre et un peu d'eau si nécessaire et faites cuire jusqu'à réduction.

- En fin de cuisson, remettez un peu d'eau et ajoutez les sons afin d'épaissir un peu la sauce et l'agrémenter.

LE **ROSBIF**

C'est une pièce de bœuf tendre, désossée et vendue ficelée. Le meilleur rosbif est prélevé dans le filet, ou le contre-filet, mais il peut aussi provenir de la bavette. Pour la fondue bourguignonne, il faut du rosbif coupé dans la culotte.

- Ses **caractéristiques nutritionnelles** générales
  Sur le plan nutritionnel, sa qualité varie selon le morceau d'origine, mais la nature de ses protéines est toujours exceptionnelle, comme sa teneur en fer et en vitamine B12.

- Son rôle dans le **régime Dukan**
  Le rosbif a un grand intérêt dans mon régime car il peut se consommer cuit au sortir du four dans son jus et être servi, dans les jours qui suivent, en tranches froides, en assiette anglaise, ou à la moutarde. Facile à emporter, c'est une viande goûteuse qui change du jambon dégraissé.

- Les préparations culinaires dans le **régime Dukan**
  La préparation classique du rosbif est le four, mais il existe un très grand nombre de recettes à la cocotte et une grande variété d'accompagnement, comme les choux de Bruxelles, les tomates provençales, les oignons et le bacon maigre.

ROSBIF AU FOUR

Préparation : 10 min
Cuisson : 20 à 30 min
Pour 4 à 6 personnes

1 rosbif d'environ 1 kg	4 à 5 gousses d'ail Sel, poivre

- Préchauffez le four à 260 °C. Pelez les gousses d'ail. Prenez-en une et coupez-la en plusieurs lamelles fines. Avec un couteau pointu, piquez le rosbif à plusieurs endroits et glissez-y à chaque fois une lamelle. Placez les autres gousses dans la lèchefrite.

- Posez le rosbif sur la grille du four et enfournez-le à four très chaud, avec la lèchefrite. Laissez-le saisir pendant 7 à 8 min. Ramenez ensuite le thermostat à 220 °C. Laissez-le cuire de 20 à 25 min pour un rôti saignant à l'intérieur, et 4 min de plus pour une viande à point. Salez et poivrez en fin de cuisson.

- Arrêtez le four et laissez le rôti reposer 6 à 8 min, en laissant la porte entrouverte. Sortez le rosbif. Enlevez ficelle et barde. Découpez-le en tranches. Déposez-les au fur et à mesure sur un plat de service chaud. Sortez la lèchefrite.

- Ajoutez-y 1 verre d'eau et grattez les sucs de cuisson. Faites réchauffer cette sauce avec les gousses d'ail sur une source de chaleur directe.

- Ajoutez-y le jus de la découpe et versez le tout dans une petite saucière. Présentez le rosbif coupé en tranches, avec sa sauce à l'ail.

LE **RUMSTECK**

C'est l'un des morceaux de viande le plus recommandé dans mon régime. Tendre, maigre et goûteux, c'est une viande à grillades provenant du bœuf. C'est une partie maigre, un morceau à fibres musculaires courtes.

• Ses **caractéristiques nutritionnelles** générales
Le rumsteck est l'un des morceaux les plus maigres de l'animal et parmi les meilleurs. 4 à 5 g de lipides pour 100 g, riche en protéines, en fer et en zinc. Il rivalise avec éclat avec les steaks hachés à 5 %, jamais aussi agréables.

• Son rôle dans le **régime Dukan**
Le rumsteck a un rôle important dans mon régime. Le boucher sépare souvent le filet de rumsteck, morceau presque aussi tendre que le filet et plus goûteux, de la deuxième partie, la boule, moins tendre (qu'il laisse mûrir sept jours avant la vente), plus dure et un peu plus maigre.

• Les préparations culinaires dans le **régime Dukan**
La préparation classique se fait soit en tranches à griller, soit en cubes pour brochettes. Existe en surgelé. Prévoir 6 à 7 heures de décongélation au réfrigérateur.

RUMSTECK À LA PROVENÇALE

Préparation : 30 min
Cuisson : 12 à 15 min
Pour 2 personnes

300 g de rumsteck

2 petites aubergines

1/2 poivron rouge coupé
en petits morceaux

1 oignon émincé

2 tomates olivettes

3 gousses d'ail émincées

1/2 cuillère à café
de paprika doux

1/2 cuillère d'origan

Persil

Sel, poivre

- Lavez et essuyez les aubergines en conservant le pédoncule. Découpez-les en tranches dans le sens de la longueur comme un éventail.

- Saupoudrez chaque tranche de sel et laissez dégorger 20 min. Faites revenir 5 min dans un fond d'eau le poivron, l'ail et l'oignon émincés. Ajoutez les tomates coupées en morceaux, le paprika et l'origan, puis laissez mijoter 5 min.

- Salez, poivrez, mélangez et réservez.

- Coupez la viande en fines lamelles. Rincez les aubergines et disposez-les dans un plat allant au four.

- Faites-les cuire 10 min à four chaud à 210 °C (thermostat 7) en les retournant délicatement plusieurs fois. Sortez le plat du four et disposez sur chaque tranche d'aubergine une cuillère à soupe du mélange à la tomate et une lamelle de viande.

- Remettez le plat au four et laissez cuire 20 min. Servez aussitôt accompagné de persil frais.

LE STEAK DE **BŒUF**

C'est l'un des aliments les plus universels du patrimoine de l'homme. Il existe de nombreuses réalités, derrière ce mot d'origine américaine. Celui qui est devenu le plus utilisé est le steak haché. Pour le régime, il existe des steaks hachés à teneur contrôlée en matière grasse.

- Ses **caractéristiques nutritionnelles** générales
Très riche en protéines (20 g pour 100 g), sa teneur en matière grasse peut varier entre 5 et 20 %. Au fur et à mesure de l'élévation de la matière grasse, le taux de protéines baisse. Pour le régime Dukan, entrent dans le plan les steaks entre 5 et 10 % de matière grasse. 180 calories en moyenne pour 100 g.

- Son rôle dans le **régime Dukan**
C'est un grand classique qu'il faut varier en choisissant des morceaux différents : bavette, aloyau, rumsteck, hampe, onglet, aiguillette… et les morceaux du boucher, ceux qu'il se réserve : poire, araignée, merlan. Le steak haché est un matériau facile pour le régime, car il se prête à de multiples préparations : du steak tartare aux boulettes, aux keftas marocains, etc.

- Les préparations culinaires dans le **régime Dukan**
À consommer grillé ou poêlé. Servir nature avec ail et persil, ou relevé avec échalotes ou coulis de tomates. Pour le steak haché, ajouter herbes de Provence, thym, romarin, ou faire des boulettes avec ail et oignon. Existe en surgelé, en steak haché (vérifier le taux de matière grasse) et en frais. Pour les autres types de steaks, bien faire dégeler plusieurs heures au réfrigérateur avant la cuisson.

PAIN DE **VIANDE**

Préparation : 15 min
Cuisson : 45 min
Pour 2 personnes

200 g de steak haché
de bœuf à 5 %

150 g de steak haché
de veau maigre

1 œuf

1/2 botte de persil

1 échalote

1 gousse d'ail

Épices tandoori

Un peu de lait écrémé

Sel

Poivre

Cornichons

- Préchauffez le four à 180 °C (thermostat 5). Épluchez et coupez l'échalote dans un mixeur. Ajoutez le persil et hachez-le tout en rajoutant la gousse d'ail.

- Ajoutez les 2 viandes puis l'œuf. Mixez bien et ajoutez un petit peu de lait. Salez et poivrez et ajoutez les épices tandoori.

- Mettez le tout dans un plat de taille moyenne. Confectionnez une forme de pain et faites cuire pendant environ 45 min.

- Servez chaud le 1er jour et puis froid avec des cornichons les jours suivants.

LA VIANDE DES **GRISONS**

Spécialité suisse provenant du canton des Grisons. C'est une viande séchée de bœuf, dégraissée et assaisonnée de sel et d'épices, qui sèche entre 5 à 17 semaines. Elle est ensuite coupée en tranches aussi fines que possible.

- Ses **caractéristiques nutritionnelles** générales
La viande des Grisons est l'un des aliments à plus forte teneur en protéines, encore plus riche (40 g pour 100 g) que le filet de bœuf dont elle est issue car c'est une viande séchée, déshydratée et dont la teneur en protéines augmente artificiellement. C'est ce qui lui donne son très fort pouvoir de rassasiement.

- Son rôle dans le **régime Dukan**
Très goûteuse, la viande des Grisons a un rôle important dans mon régime car outre sa haute teneur en protéines, elle est délicieuse et très pratique d'usage. Facile à emporter, facile à utiliser, il est indispensable d'en avoir toujours dans son frigo. Elle est encore meilleure quand on la trouve à la coupe ou sous une forme « dentelles », tranchée très fine.

- Les préparations culinaires dans le **régime Dukan**
Elle se consomme dressée sur des assiettes, accompagnée de petits cornichons, mais aussi, en phase de consolidation, avec du melon. On peut également en intégrer dans des sandwichs Dukan au milieu de galettes de son d'avoine, ou en roulés farcis au carré frais.

Roulé de **VIANDE DES GRISONS** DUKAN

Préparation : 5 min
Mise au frais : 1 heure
Pour 2 personnes

100 g de viande des Grisons

1/2 concombre

100 g de fromage blanc 0 %

1 gousse d'ail

Jus de citron

Sel

Poivre

- Épluchez et coupez le concombre en petits morceaux, en enlevant la partie centrale.

- Mélangez au fromage blanc en ajoutant l'ail pilé, quelques gouttes de jus de citron, sel et poivre. Mettez cette préparation au frais pendant 1 heure.

- Une fois bien rafraîchie et un peu durcie, farcissez-en ensuite les tranches de viande des Grisons et roulez-les.

- Servez-vous de bâtonnets de cure-dent pour les maintenir bien roulées.

LE **GIBIER**

Animaux sauvages ou non civilisés dont la dénomination commune est d'avoir une chair maigre et ferme, de se nourrir d'aliments non pollués et d'être extrêmement riches en protéines de bonne qualité, ce qui en font les amis des « régimeurs ».

• Ses **caractéristiques nutritionnelles** générales
Sur le plan nutritionnel, le gibier ordinaire n'apporte que 100 calories pour 100 g, ce qui le met en position de rivaliser avec le poisson maigre, avec l'avantage d'une chair infiniment plus dense et rassasiante.

• Son rôle dans le **régime Dukan**
Dans mon régime, c'est évidemment un aliment de haute recommandation, mais elle se heurte à quatre limitations : le goût plus fort, le prix, la saisonnalité et la quasi-obligation d'une sauce de saison. Pour le goût, choisir des animaux le plus jeunes possible. Pour le prix, fréquenter les chasseurs. Pour la saisonnalité, recourir à la congélation. Pour les sauces, essayer de privilégier les rôtis, les sauces aux petits-suisses maigres et avoir la main lourde sur les aromates, les épices et les marinades.

• Les préparations culinaires dans le **régime Dukan**
Le gibier se prépare rôti pour certains morceaux de certains animaux jeunes. Certains gibiers à plume comme le faisan ou le canard, et certaines parties les plus tendres, se prêtent particulièrement bien à la marinade. Mais les belles pièces : les gros lièvres, le cerf, le marcassin et le sanglier doivent se cuisiner en sauce. Il est toujours possible de dégager le morceau de sa sauce pour s'en tenir à l'essentiel : le goût et la texture de l'animal lui-même.

CIVET DE **BICHE**

Préparation : 10 min
Cuisson : 2 heures
Marinade : 1 nuit
Pour 4 personnes

800 g de biche pour civet
4 carottes
2 échalotes
3 oignons
4 clous de girofle
10 graines de coriandre
10 baies de roses
2 pincées de gingembre
en poudre

1/2 cuillère à café
de quatre-épices
4 feuilles de laurier
1 branche de thym
1 branche de romarin
Sel
Poivre
1/4 de l de vin rouge (toléré)
1/4 de l d'eau

- Faites macérer toute une nuit la biche dans le vin avec tous les ingrédients et épices. Le lendemain matin, faites dorer la biche dans une cocotte en fonte.

- Ajoutez-y ensuite le jus de macération et laissez mijoter sans couvrir pendant 1 heure, puis à couvert pendant 1 heure.

- Disposez le tout en assiette avec une purée de chou romanesco ou de céleri-rave ou encore un gratin de fenouil.

LE **BAR** OU **LOUP**

Roi des poissons en France, sa chair blanche, nacrée, fine et raffinée, mais aussi relativement maigre, en fait un poisson très recherché et hélas très coûteux (le plus cher du marché).

• Ses **caractéristiques nutritionnelles** générales

Le bar est maigre (1,8 g de lipides pour 100 g), riche en protéines de grande qualité (18,5 g pour 100 g) et peu calorique (90 calories pour 100 g).

• Son rôle dans le **régime Dukan**

Dans mon régime, le bar doit être appréhendé comme un aliment de luxe et sa consommation un acte et un moment de foi qui donnent de l'éclat au régime. À réserver donc à un moment familial ou convivial. Pour ceux qui font des repas d'affaires et ne regardent pas l'addition, ne pas hésiter à choisir le bar ou le turbot.

• Les préparations culinaires dans le **régime Dukan**

Sa préparation doit être la plus simple possible pour ne pas trahir la finesse de sa chair au léger goût de crustacé. Idéalement, c'est au four, entier et aux grains de fenouil ou à l'aneth, dont la touche anisée s'allie parfaitement à l'arôme iodé du bar. On peut aussi, s'il est très gros, le préparer en croûte de sel (farine + sel + aromates). La poêle est réservée aux filets.

BAR AU FENOUIL ET AU PACIFIC

Préparation : 20 min
Cuisson : 30 min
Pour 4 personnes

2 bars (400 g environ)
4 fenouils
2 cuillères à soupe de Pacific
1 citron pressé

1 cuillère à café de grains de fenouil ou d'anis moulus
Sel, poivre

- Videz les bars sans les écailler. Pratiquez 2 ou 3 entailles de chaque côté des poissons. À l'intérieur, badigeonnez-les au pinceau avec une cuillerée de Pacific. Salez, poivrez. Préchauffez le four à 210 °C.

- Lavez, émincez le fenouil en prenant soin de réserver les branches vertes. Prenez-en la moitié afin de les arroser d'un jus de citron et garnissez le ventre des poissons.

- Disposez les bars dans un grand plat allant au four.

- Arrosez-les d'une cuillerée à soupe de Pacific et d'un demi-verre d'eau.

- Saupoudrez-les de grains de fenouil ou d'anis. Entourez-les avec le restant des fenouils.

- Enfournez le tout 30 min en vérifiant la cuisson et en arrosant de temps en temps avec le jus d'un citron. En fin de cuisson, ajoutez les branches fraîches de fenouil.

LE **CABILLAUD**

Le cabillaud, c'est la morue, le bacalhau portugais, type même du poisson à la fois blanc maigre et de goût et de consommation exceptionnels. Son goût subtil cède le pas à sa consistance et à l'effeuillement de sa chair sous la pression de la fourchette.

• Ses **caractéristiques nutritionnelles** générales

C'est l'un des poissons les plus maigres (0,7 g de lipides pour 100 g), les moins caloriques (75 calories pour 100 g) et les plus digestes car il contient peu de fibres conjonctives longues à digérer. Mais il apporte autant de protéines que la viande de bœuf. Très bien pourvu en vitamines B et en iode.

• Son rôle dans le **régime Dukan**

Le cabillaud est, avec la sole, le poisson blanc préféré des Français, la seule chair blanche pouvant résister à l'envahissement du saumon. À ce titre, il facilite grandement mon régime. Son seul inconvénient est son prix : un dos de cabillaud n'est pas accessible à toutes les bourses.

• Les **préparations culinaires** dans le **régime Dukan**

Chair délicate, elle se prête souvent à une cuisson merveilleuse et courte à la poêle sur un nid d'oignons blondis. Évitez le vin blanc dont l'arôme prend le dessus sur la saveur fine et délicate du poisson. Pour ceux qui ont le goût de l'exotique, achetez la morue salée que le sel rend beaucoup plus ferme. Le dessalage prend 48 heures en eau froide. Cuire ensuite à la poêle ou à la plancha ou encore au four avec tomates et poivrons. On peut également la cuire au barbecue en brochettes. Enfin, on peut l'effriter dans des brandades. Les œufs de cabillaud qu'on peut cuire à la poêle sont très souvent laissés au poissonnier et finissent en tarama. Pensez donc systématiquement à demander ses œufs frais.

TERRINE DE **CABILLAUD** AU SAUMON FUMÉ ET NOIX DE SAINT-JACQUES

Préparation : 15 min
Cuisson : 30 min
Pour 3 à 4 personnes

500 g de cabillaud frais

2 larges tranches de saumon fumé

3 noix de Saint-Jacques

1 œuf

15 cl de crème fraîche Bridelight

1/2 petit oignon

Ciboulette fraîche

Poivre

1/2 cuillère à café de graines de fenouil

1 fenouil

- Mixez le cabillaud finement au hachoir avec la ciboulette et l'oignon. Versez le tout dans un saladier.

- Ajoutez l'œuf, la crème fraîche allégée et les graines de fenouil puis mélangez à la main.

- Partagez cette farce en mettant de côté de quoi tapisser le fond d'un moule à cake. Découpez les noix de Saint-Jacques en morceaux de la taille d'un dé et intégrez-les au reste du mélange.

- Chemisez un moule à cake de papier sulfurisé. Étalez un peu de farce dans le fond sans morceaux de noix de Saint-Jacques et réservez le reste pour finaliser la terrine.

- Étalez ensuite les tranches de saumon, déposez dedans un peu de farce avec morceaux et roulez-les pour fermer. Déposez le boudin de saumon sur le lit de farce et recouvrez le dessus et les côtés avec le restant de farce.

- Repliez le papier sulfurisé de chaque côté et enfournez à 160 °C pour 30 min.

- Laissez refroidir et servez frais.

LE **COLIN**

Le colin est aussi appelé merlu. C'est un poisson blanc à chair fine mais bien moins ferme que la sole ou la dorade. Statistiquement, il semble qu'on l'apprécie davantage avec l'âge, ce qui explique que les adolescents et jeunes adultes n'y pensent pas souvent.

• Ses **caractéristiques nutritionnelles** générales

Poisson maigre (2 g de lipides pour 100 g), et riche en protéines d'extrême qualité (17 g pour 100 g) et au final très peu calorique (92 calories pour 100 g).

• Son rôle dans le **régime Dukan**

Poisson d'intérêt dans un régime pour l'adulte soucieux de sa santé et de sa ligne. Trop souvent consommé au court-bouillon, il perd de son intérêt gustatif mais c'est l'un des poissons qui a le meilleur rapport protéines/calories et il gagnerait à être plus connu. Son prix est hélas un peu élevé.

• Les préparations culinaires dans le **régime Dukan**

Délaisser le court-bouillon pour la poêle qui le rend infiniment plus séduisant et attractif. Essayer aussi la cocotte avec du bacon maigre, oignon, ail, thym et persil. Le vin blanc constitue un plus qui ne nuit pas au régime car son alcool est déjà évaporé au cours de la cuisson. Firmin Arrambide, chef du restaurant « Pyrénées », le propose rôti à l'ail et servi avec des palourdes au jus

QUICHE AU SON ET AU **COLIN**

Préparation : 10 min
Cuisson : 35 min
Pour 2 personnes

2 pavés de colin congelés	2 cuillères à soupe de fromage blanc 0 %
2 œufs	2 cuillères à soupe de crème épaisse Bridelight 3 %
4 cuillères à soupe de son d'avoine	1 cuillère à café de levure chimique
2 cuillères à soupe de son de blé	Aneth
1 oignon	Sel, poivre

- Faites décongeler le poisson. Une fois bien décongelé, coupez-le en tout petits morceaux ainsi que l'oignon.

- Mélangez-les avec les œufs, le son d'avoine et le son de blé, la crème fraîche le fromage blanc.

- Délayez la levure chimique dans un peu d'eau chaude et ajoutez-la. Mélangez le tout. Vous pouvez choisir de passer la préparation au mixeur ou non.

- Rajoutez sel, poivre et aneth. Mettez le tout dans un plat siliconé 35 min au four à 180 °C (thermostat 6).

LA **DORADE**

Poisson de mer maigre qui existe en trois espèces : la dorade royale, la dorade rose (pageot) et la dorade grise. La dorade est l'un des meilleurs poissons de la minceur.

• Ses **caractéristiques nutritionnelles** générales

Riche en protéines (17 g pour 100 g), phosphore, calcium et fer. Pauvre en lipides : 2 g. 77 calories pour 100 g.

• Son rôle dans le **régime Dukan**

C'est une chair blanche, fine, un aliment dense, rassasiant et hédonique. Dans mon régime, il est d'un très grand secours car il est apprécié de la majorité des consommateurs. Sa consistance est très ferme, son goût légèrement iodé est fin et sa consommation festive. La dorade royale est vraiment royale.

• Les préparations culinaires dans le **régime Dukan**

La dorade se prépare en filet ou au four bourrée d'herbes (pour la royale), ou, pour une dorade de petite taille, à la plancha après avoir déposé quelques gouttes d'huile et essuyé au Sopalin. C'est également un poisson de choix pour préparer du sashimi japonais. De prix relativement élevé et de très bonnes qualités organoleptiques, la dorade est à exploiter stratégiquement en période de protéines pures. Comme tous les poissons à chair blanche, la dorade « tient toutefois moins au corps » qu'une viande. La surgélation abaisse sa qualité gustative mais pas sa qualité nutritive.

DORADE EN CROÛTE DE SEL ROUGE

Préparation : 15 min
Cuisson : 30 min
Pour 4 personnes

1 grosse dorade d'un kg ou
2 moyennes de 400 g

1 kg de gros sel

2 cuillères à soupe
de concentré de tomates

Thym frais

2 blancs d'œufs

- Demandez à votre poissonnier de ne pas écailler la dorade et de la vider par les ouïes pour que le moins de sel possible pénètre la chair.

- Préchauffez votre four à 210 °C (thermostat 7) et préparez la plaque du four en la tapissant de papier d'aluminium.

- Mettez le sel dans le bol d'un mixeur avec le concentré de tomates, le thym et les blancs d'œufs et mixez à grande vitesse jusqu'à ce que le sel soit rouge.

- Déposez une couche de sel sur le papier d'aluminium. Placez la (ou les) dorade(s) dessus et recouvrez entièrement de sel. Faites cuire 30 min dans le four puis laissez reposer 5 min hors du four avant de casser la croûte de sel pour dégager le poisson.

- Servez à l'aide d'une cuillère à soupe en prenant la chair sans toucher au sel.

 L'EMPEREUR

C'est le poisson blanc dont la chair, d'un blanc immaculé voire nacré, est la plus luxueuse et la plus appréciée au monde. Poisson des grands fonds, sa pêche est lointaine et difficile et son prix élevé, son seul inconvénient. Son ultime avantage : vivant dans les très grands fonds, la pollution ne l'atteint pas.

• Ses **caractéristiques nutritionnelles** générales

Riche en protéines (17,9 g pour 100 g), phosphore, magnésium, calcium et fer. Pauvre en lipides (0,7 g pour 100 g) et peu calorique (77 calories pour 100 g), sa valeur gustative tient du miracle.

• Son rôle dans le **régime Dukan**

De nombreux consommateurs comparent ses filets les plus fins à ceux de la langouste, rivalisant de consistance et de fermeté, avec son goût inimitable mêlé d'iode et sa douceur nacrée et juteuse qui lui valent définitivement son titre d'empereur. Hélas, on l'appelle aussi beryx dans des contrées où la poésie se fait rare.

• Les préparations culinaires dans le **régime Dukan**

La meilleure préparation est la plus simple. Cuire en filet à la poêle à feu doux sur un lit d'oignons coupés très fin, aromatisé au citron et à l'aneth en poudre. Cuire à feu très doux pour aller lentement jusqu'au cœur et saisir au dernier moment en ajoutant un surplus ultime d'aneth. Il peut aussi se préparer en petits filets issus de la queue, en roulades avec des crevettes et un arôme de homard.

FILET D'EMPEREUR À LA CRÈME DE CITROUILLE

Préparation : 30 min
Cuisson : 35 min
Pour 4 personnes

600 g de filets d'empereur
3 kg de citrouille
1 brin de thym
1 feuille de laurier .
1 pincée de noix de muscade

3 gousses d'ail
4 cuillères à soupe
de fromage blanc 0 %
30 cl de crème allégée à 3 %
Sel, poivre

- Détaillez les filets d'empereur en filets. Salez, poivrez. Réservez au frais. Tranchez, pelez, épépinez la citrouille. Coupez-la en petits cubes.

- Plongez ces petits cubes avec le thym et le laurier dans une grande casserole remplie d'eau salée bouillante. Faites cuire pendant 20 min environ.

- Pendant ce temps, pelez et émincez l'ail avant de le faire cuire 5 min à la poêle dans la crème allégée.

- Égouttez les cubes de citrouille et passez-les au mixeur avec la crème et l'ail. Ajoutez la noix de muscade ainsi que le fromage blanc. Réservez au chaud.

- Dans une poêle antiadhésive, saisissez rapidement les filets d'empereur. Nappez le fond de chaque assiette de crème de citrouille et disposez dessus les filets d'empereur.

- Dégustez aussitôt.

L'ESPADON

Poisson de mer semi-gras, qui se reconnaît facilement à son éperon, à sa queue en croissant et, pour certaines espèces légendaires, à la voile de déploiement de son aileron dorsal.

• Ses **caractéristiques nutritionnelles** générales

Riche en protéines (19 g pour 100 g). Bonne teneur en fer. Teneur en lipides moyenne : 4,5 g pour 100 g à conseiller au sujet à risque cardio-vasculaire en recherche de gras de poisson protecteur.

• Son rôle dans le **régime Dukan**

C'est une chair à la fois fine et compacte qui procure un bon effet de rassasiement. Il a une place de choix dans le régime Dukan car sa chair est beaucoup moins sèche que celle du thon et moins grasse que celle du saumon.

• Les préparations culinaires dans le **régime Dukan**

En tranches à griller ou à poêler. En brochettes, mélangé avec des crevettes et des coquilles Saint-Jacques, en carpaccio mariné dans du jus de citron vert.

CARPACCIO D'**ESPADON** AUX POIVRONS ET TOMATES SÉCHÉS

Préparation : 15 min
Marinade : 20 min
Pour 4 personnes

350 g d'espadon en tranches
80 g de poivrons séchés
80 g de tomates séchées

4 citrons
1 cuillère de persil haché
Sel, poivre

- Nettoyez l'espadon, en éliminant la peau et l'arête centrale. Lavez-le, essuyez-le et faites-le durcir au congélateur pendant 30 min de manière à pouvoir le couper plus facilement. Sortez-le du congélateur et coupez-le en tranches fines.
- Étalez les tranches au fond d'un plat avec des bords. Coupez les tomates et les poivrons séchés en morceaux après les avoir préa-lablement essuyés de leur huile au papier absorbant et parsemez-les sur le poisson.
- Pressez les citrons et versez le jus sur le car-paccio. Ajoutez le persil hâché, salez et poivrez.
- Couvrez avec un film alimentaire et laissez mariner au réfrigérateur pendant minimum 20 min.

LE **FLÉTAN** ET LE **FLÉTAN FUMÉ**

Sa chair est moelleuse et donne l'impression d'être toujours grasse alors que ce n'est qu'un poisson semi-gras. C'est pour cette raison qu'il intervient très positivement dans mon régime. Préparé, le flétan est souvent débité en darnes blanches fraîches ou congelées, ne contenant que très peu d'arêtes. Il est également très apprécié fumé.

• Ses **caractéristiques nutritionnelles** générales

Un peu plus calorique que la moyenne des poissons blancs (96 calories pour le flétan vapeur et 185 calories pour le fumé), autant de protéines (18 g pour 100 g) mais un peu plus gras (12 g pour 100 g). En revanche, il est bien pourvu en oméga 3, en vitamine D et en sélénium.

• Son rôle dans le **régime Dukan**

Sa chair devant son intérêt à son moelleux bien plus qu'à son goût, sa préparation demande l'usage d'herbes ou d'épices qui rehausseront sa saveur plutôt que de la masquer.

• Les préparations culinaires dans le **régime Dukan**

Le mode de cuisson le plus adapté est la poêle avec quelques gouttes d'huile essuyées au Sopalin. Son meilleur légume d'accompagnement est la courgette al dente et les épinards à la crème. Essayez pour le plaisir de cuisiner ses filets avec moules, échalotes émincées et bouquet garni.

FLÉTAN AU CURRY

Temps de cuisson : 15 min
Temps de préparation : 20 min
Pour 4 personnes

4 filets de flétan	4 cuillères à soupe de fromage blanc 0 %
3 échalotes	1 cuillère à soupe de curry
4 cuillères à soupe de crème fraîche 3 %	Sel, poivre

- Épluchez les échalotes et émincez-les.

- Faites-les revenir dans une poêle antiadhésive dans laquelle vous aurez préalablement mis 2 cuillères à soupe d'eau.

- Mélangez dans un bol la crème fraîche allégée, le fromage blanc et le curry.

- Une fois les échalotes légèrement fondues, ajoutez dans la poêle les filets de flétan et le mélange crème, fromage blanc et curry.

- Salez, poivrez et laissez cuire 15 min à feu moyen.

L'ÉGLEFIN ~ HADDOCK

Poisson blanc de grande consommation, notamment dans la grande distribution qui en fait des plats cuisinés de base, des bâtonnets de surgelés nature ou panés et qui, fumé, devient le mythique haddock. Frais, son prix est à la portée de toutes les bourses et il supporte bien la congélation.

• Ses caractéristiques nutritionnelles générales

Sur le plan nutritionnel, c'est le poisson le plus maigre connu (0,3 g de lipides pour 100 g) et extrêmement pauvre en calories. Fumé (haddock), il passe à 101 calories pour 100 g mais reste aussi maigre. Pané, il explose à 187 calories et s'engraisse à 9,2 g pour 100 g, introduisant en plus 3,1 g de sucres.

• Son rôle dans le régime Dukan

Dans mon régime, l'églefin n'est pas un atout majeur car extrêmement maigre. Sa maigreur est toutefois devenue un atout qu'il faut faire connaître. En revanche, le bâtonnet congelé peut faciliter le repas du soir, y compris en bâtonnet pané Dukan. Le haddock est un très bon aliment minceur, séché par fumaison de laquelle il prend une saveur et une consistance nouvelle.

• Les préparations culinaires dans le régime Dukan

L'églefin se prépare à la poêle comme le dos de cabillaud sur un lit d'oignons hachés et préblondis. La recette Dukan : il peut être pané avec du son d'avoine après passage dans de l'œuf battu. Attention, le four ne lui réussit pas, effeuillant sa chair trop délicate. Le haddock, lui, devient un régal après pochage d'une nuit dans le lait puis passé à la poêle et légèrement blanchi au Bridelight 4 %. Il peut être aussi découpé en copeaux pour aromatiser des salades composées. Enfin, il est incontournable dans la choucroute de la mer servie généralement avec du saumon et un poisson blanc.

HADDOCK MARINÉ AU CITRON VERT

Temps de préparation : 20 min
Temps de cuisson : 3 min
Pour 4 personnes

600 g de haddock
3 citrons verts
30 cl de lait écrémé

1 cuillère à soupe
de sauce de soja
1 bouquet de ciboulette

- Faites pocher le haddock 3 min dans un mélange de lait et d'eau bouillante. Sortez-le et laissez-le refroidir.

- Préparez la marinade avec le jus des citrons verts et la sauce de soja. Dès que le poisson est froid, retirez la peau et détachez la chair pour en récupérer les lamelles.

- Disposez-les dans la marinade, mélangez et réservez au frais au moins 1 heure.

- Parsemez de ciboulette coupée.

LE **LIEU NOIR** OU **JAUNE**

Ancien poisson du pauvre offert pour le chat par le poissonnier. Très maigre et de goût neutre, il gagne à être agrémenté d'astuces de cuisine.Par contre, il contient peu d'arêtes et est l'un des poissons les moins coûteux du marché.

• Ses **caractéristiques nutritionnelles** générales

Sur le plan nutritionnel, c'est un poisson blanc classique : très peu calorique (90 calories pour 100 g), maigre (2 g pour 100 g) et riche en protéines.

• Son rôle dans le **régime Dukan**

Dans mon régime, il est loin du podium car il est de saveur neutre et se défait facilement au feu. Néanmoins, il a des adeptes qui ont la main maligne et qui savent le sublimer jusqu'à le faire aimer à leurs enfants. C'est tout dire.

• Les préparations culinaires dans le **régime Dukan**

Sa préparation doit prendre en compte la fragilité de sa chair qui a besoin d'être saisie pour coaguler en surface et prendre un goût de cuisson dense. Entier, il doit passer au four farci d'herbes, d'ail et de petits-suisses. On peut aussi le préparer sur un lit d'oignons, de tomates et d'aromates. Les bâtonnets de surgelés sont à paner au son d'avoine après passage dans un œuf battu.

FILETS DE **LIEU NOIR** À LA MOUTARDE

Temps de préparation : 10 min
Temps de cuisson : 30 min
Pour 2 personnes

2 filets de lieu noir

2 cuillères à soupe de crème fraîche allégée 3 %

2 cuillères à soupe de fromage blanc 0 %

1 cuillère à soupe de moutarde

Sel, poivre

- Préchauffez votre four à 210 °C (thermostat 7). Disposez les filets de lieu dans un plat allant au four.
- Dans un bol, mélangez la crème fraîche allégée, le fromage blanc et la moutarde et ajoutez sel et poivre.
- Nappez les filets de poisson avec ce mélange et mettez au four pendant 30 min à 180 °C (thermostat 6).

LA **LIMANDE**

Poisson ultra-maigre et peu calorique mais de chair fine et délicate et se délitant sans offrir de résistance sous la dent. Trois de ses avantages sont son coût abordable, son fort rassasiement dû à sa bonne teneur en protéines d'excellente qualité et son goût très iodé qui séduit ceux qui l'apprécient et ceux qui ont une thyroïde paresseuse.

• Ses **caractéristiques nutritionnelles** générales

Sur le plan nutritionnel, c'est un poisson maigre (1 g de lipides pour 100 g), riche en protéines (18 g pour 100 g), hypocalorique (73 calories pour 100 g) et riche en iode.

• Son rôle dans le **régime Dukan**

Dans mon régime, la limande n'est à prêcher que pour les convertis. Ceux qui ne l'aiment pas n'auront jamais l'idée ou la motivation d'en manger. Je les comprends, le choix des poissons est large et ouvert, et le moteur de tout régime est l'accès au maximum de plaisir dans l'espace alimentaire autorisé.

• Les préparations culinaires dans le **régime Dukan**

La limande a habituellement une taille portion. Elle se prépare à la poêle après le traditionnel « 3 gouttes d'huile + Sopalin ». La cuisson doit être brève et sur feu intense pour conserver le plus de fermeté à l'intérieur sous une surface durcie par la haute chaleur de la poêle.

FILETS DE **LIMANDE** FARCIS AUX COQUILLES SAINT-JACQUES

Temps de préparation : 10 min
Temps de cuisson : 25 min
Pour 4 personnes

4 filets de limande
16 noix de Saint-Jacques
2 cuillères à soupe
de crème légère 3 %

1 cuillère à café de Maïzena
Le jus de 3 citrons
Ciboulette
Sel, poivre

- Coupez chaque filet en deux sur la longueur. Mettez une noix de Saint-Jacques sur chaque filet et enroulez. Maintenez avec une pique en bois et mettez dans un plat qui va au four. Répartissez les 8 noix restantes autour des filets de limande enroulés.

- Ajoutez le jus d'un citron. Salez légèrement et poivrez à votre convenance. Mettez au four, à 200 °C durant 20 min.

- Pendant ce temps pressez le jus des deux autres citrons et mettez à chauffer à feu doux. Délayez la Maïzena dans 2 cuillères à soupe d'eau.

- Quand le jus de citron commence à frémir, incorporez la crème légère. Bien mélanger avec un fouet.

- Laissez sur le feu doux en mélangeant quelques minutes, puis incorporez la Maïzena diluée. Remuez bien car la sauce va s'épaissir un peu. Salez et poivrez légèrement. Disposez dans les assiettes et saupoudrez de ciboulette.

LA **LOTTE**

Poisson à chair très blanche, maigre, ferme, dense, rassasiante et sans aucune arête. Poisson luxueux et cher. Son goût légèrement sucré rappelle celui du homard ou du pétoncle. Les joues de lotte ont la même qualité en bouche que la coquille Saint-Jacques ou la langouste.

• Ses **caractéristiques nutritionnelles** générales

C'est l'un des poissons les plus maigres des mers (0,7 g de lipides pour 100 g), l'un des moins caloriques (68 calories pour 100 g) et bien pourvu en protéines de haute valeur nutritionnelle (15 g pour 100 g).

• Son rôle dans le **régime Dukan**

Son intérêt dans mon régime est de premier plan. Je classe la lotte parmi les « poissons-viandes » car tout comme le mérou, le thon et l'espadon, sa consistance est aussi ferme et résistante que celle de la viande. C'est cette texture qui lui confère son pouvoir de rassasiement et de satiété élevé.

• Les préparations culinaires dans le **régime Dukan**

Toutes les préparations lui conviennent. À la poêle avec un jus de citron et une cuillère à soupe de jus d'orange, au four pour un morceau plus important ou en papillotes avec du lait de coco éliminé après cuisson, ou encore en brochettes.

FLAN DE **LOTTE**

Temps de préparation : 10 min
Temps de cuisson : 1 heure 15
Pour 4 personnes

1,5 kg de lotte
4 œufs
1/4 de l de lait écrémé

4 cuillères à soupe de crème fraîche allégée à 3 %
Sel, poivre

- Faites cuire la lotte 15 min au court-bouillon. Détachez la chair en filets.

- Faites un appareil à flan salé en mélangeant œufs, lait, crème fraîche allégée et salez.

- Déposez les filets de lotte dans un moule à cake en silicone. Versez le flan dessus en tassant bien. Mettez au four à 200 °C (thermostat 6-7) pendant 1 heure.

- Faites refroidir au frigo pendant 24 heures et servez avec une mayonnaise Dukan ou une sauce tomate légère maison.

LE **MAQUEREAU**

Le maquereau est un poisson bleu, gras, grand protecteur du cœur et riche en oméga 3. Poisson bon marché, facile à trouver tout au long de l'année. Et existe aussi en boîte au vin blanc.

• Ses **caractéristiques nutritionnelles** générales

Les graisses du maquereau, de très bonne qualité, en font le poisson le plus protecteur de tous les océans, tant pour le cœur que pour le système nerveux central et la résistance au stress. Poisson gras (17,8 g de lipides pour 100 g), très riche en protéines de grande qualité et guère plus calorique que du bœuf ordinaire (128 calories pour 100 g pour le maquereau frais).

• Son rôle dans le **régime Dukan**

Dans mon régime, le maquereau est un poisson plus souvent consommé en boîte que cuisiné. Au vin blanc, il se mange sur le pouce sur un coin de table. Rassasiant et gras, on l'aime ou on l'écarte mais il ne laisse pas indifférent.

• Les préparations culinaires dans le **régime Dukan**

Pour ceux qui l'apprécient, sa meilleure préparation est grillé avec du citron ou de la sauce de soja. S'il est gras, il peut facilement se cuire au four sans adjonction de graisse et bourré d'herbes de Provence. La surgélation lui réussit bien : il en sort plus tendre.

ℱILETS DE **MAQUEREAU** GRILLÉS À LA FLEUR DE SEL

Temps de préparation : 10 min
Temps de cuisson : 5 min
Pour 4 personnes

4 petits maquereaux

Sauce de soja japonaise
Fleur de sel

- Demandez au poissonnier de lever les filets des maquereaux.

- Faites une incision de chaque côté de la ligne d'arêtes sans percer la peau afin de retirer délicatement les arêtes. Ensuite faites des incisions en croisillon sur la peau des filets.

- Faites chauffer une poêle antiadhésive pour y faire griller les filets – côté peau en premier.

- Au bout de 2 à 3 min, lorsque la peau devient croustillante, retournez les filets côté chair 1 min.

- Salez à la fleur de sel. Arrosez d'un trait de sauce de soja.

LE **MERLAN**

Le merlan est un poisson blanc à chair maigre et de consistance molle, digeste mais pas très recherché et d'un coût acceptable.

• Ses **caractéristiques nutritionnelles** générales

Maigre (0,5 g de lipides pour 100 g), bien pourvu en protéines (15 g pour 100 g) et peu calorique (70 calories pour 100 g).

• Son rôle dans le **régime Dukan**

Dans mon régime, ce n'est pas la star des mers. Il nécessite une préparation qui le mette en valeur. Habitué à être consommé frit ou pané, il est moins attirant en papillotes ou poché. Il entre dans la composition de bâtonnets ou de miettes de poisson qui le rendent plus incitatif.

• Les préparations culinaires dans le **régime Dukan**

Certaines personnes le préparent grillé en acceptant de le voir s'effondrer. Il gagne à être mis dans une soupe de poissons ou dans des farces.

GRATIN DE **MERLAN**

Temps de préparation : 10 min
Temps de cuisson : 15 min
Pour 2 personnes

2 filets de merlan

200 g de champignons de Paris

1 œuf

3 cuillères à soupe de crème fraîche légère épaisse à 3 %

3 cuillères à soupe de vinaigre balsamique

20 g de gruyère râpé allégé

Persil

1 échalote

Sel, poivre

- Préchauffez le four à 210 °C (thermostat 7-8). Nettoyez les champignons frais et coupez-les en lamelles.

- Dorez-les dans le vinaigre balsamique dans une poêle bien chaude pendant 5 min. Ajoutez le persil haché, l'échalote émincée, le sel et le poivre et mélangez.

- Déposez les filets de merlan coupés en gros morceaux dans un plat à gratin et nappez-les de la préparation champignons et échalote.

- Dans un petit bol, mélangez l'œuf avec la crème allégée puis versez sur l'ensemble.

- Parsemez de gruyère allégé et mettez au four 15 min. Servez bien chaud.

LE **MÉROU**

Le mérou est le roi des poissons pour le pêcheur polynésien sous-marin car sa chair est l'une des plus consistantes et denses. C'est un poisson de très grande taille qui vieillit en s'engraissant et ajoute à la fermeté de ses muscles l'onctuosité de ses graisses de mer, protectrices du cœur et bourrées d'oméga 3.

• Ses **caractéristiques nutritionnelles** générales

Sur le plan nutritionnel, le mérou est extrêmement riche en protéines de très haute valeur (16 g pour 100 g), très maigre (1 g pour 100 g), et au total peu calorique (82 calories pour 100 g), mais riche en fer et en vitamines B.

• Son rôle dans le **régime Dukan**

Dans mon régime, le mérou est une bénédiction car c'est de tous les poissons le plus rassasiant, celui dont la chair est la plus dense, de consistance juteuse et iodée. Repas de roi, prix de roi : le mérou est cher car c'est un poisson de pêche difficile et lointaine.

• Les préparations culinaires dans le **régime Dukan**

Préparation idéale : à la poêle après marinade au citron et à l'ail sur banc d'oignons hachés fin. Il se consomme aussi cru, à la japonaise, avec de la sauce de soja, ou à la tahitienne en carrés cuits dans le citron, avec des cubes de même dimension de tomate et de concombre. Enfin, il est délicieux en brochettes après marinade en yaourt assaisonné au piment doux et aux épices indiennes (garam masala), sel, poivre et citron.

BROCHETTES DE MÉROU AUX BAIES ROSES ET VERTES

Temps de préparation : 10 min
Temps de cuisson : 15 min
Pour 2 personnes

2 brochettes de mérou

1 jaune d'œuf

2 tomates

2 cuillères à soupe de crème fraîche allégée à 3 %

2 cuillères à soupe de fromage blanc 0 %

2 échalotes

1 feuille de laurier

Thym

Baies roses

Sel, quelques grains de poivre vert

- Épluchez les tomates et hachez-les au mixeur. Émincez les échalotes.

- Faites chauffer une poêle antiadhésive et ajoutez les tomates, le thym, le laurier, le sel, le poivre en grains. Laissez cuire 10 min à feu vif.

- Ajoutez vos brochettes de mérou dans la poêle. Couvrez et laissez cuire environ 20 min.

- Dans une casserole, mettez le jaune d'œuf, la crème fraîche allégée, le fromage blanc et les baies roses. Remuez sur le feu quelques minutes et versez le tout sur vos brochettes de mérou.

- Laissez chauffer encore 2 à 3 min et servez.

LE **MULET**

Le mulet est un très beau poisson fuselé et gris acier comme un avion. Musclé, vif et rapide, il a une belle chair blanche et ferme. Le mulet se prépare d'innombrables façons mais se conserve mal. Il figure parmi les poissons les moins coûteux.

• Ses **caractéristiques nutritionnelles** générales

Sur le plan nutritionnel, c'est un poisson semi-gras (4,9 g de lipides pour 100 g), extrêmement riche en protéines (25 g pour 100 g) et moins calorique qu'une viande maigre (140 calories pour 100 g). Très riche en oméga 3 et en vitamine B.

• Son rôle dans le **régime Dukan**

Dans mon régime, c'est un poisson qui tient très bien sa place, surtout quand il est bien acheté, cuisiné vite et grillé avec ses écailles car il est assez rassasiant et légèrement onctueux en bouche. Ses œufs sont réputés pour leur grain ferme. Ce sont eux qui servent à confectionner la poutargue, œufs séchés et recouverts de cire. Les œufs servent également à confectionner du tarama qu'il est possible de faire soi-même et d'utiliser dans mon régime avec œufs du poisson, Bridelight, son d'avoine et 3 gouttes d'huile de paraffine et citron à bien mélanger avant de consommer.

• Les préparations culinaires dans le **régime Dukan**

Le mulet gagne à être grillé, ce qui met en valeur sa chair musclée et légèrement grasse. Il peut être préparé à la poêle entier et bien saisi. Pour les gros mulets, il est préférable de les poêler en tronçons. Éviter le four qui ramollit sa chair.

MULET
À LA SAUCE CIBOULETTE

Temps de préparation : 15 min
Temps de cuisson : 15 min
Pour 2 personnes

1 mulet	2 cuillères à soupe de crème fraîche à 3 %
1 carotte	2 cuillères à soupe de fromage blanc 0 %
1 poireau	Tiges de ciboulette fraîche
1 oignon	1/2 jus de citron
1 bouquet garni	
Sel, poivre	

- Préparez le bouillon en plongeant carotte, poireau, oignon, bouquet garni, sel et poivre dans un grand volume d'eau. Pendant que le bouillon se prépare, rincez bien le mulet. Dès que le bouillon est prêt, plongez le poisson dans le bouillon à ébullition et faites cuire à couvert pendant 15 min.

- Pendant ce temps, préparez la sauce. Dans une casserole, chauffez à feu très doux la crème fraîche allégée, le fromage blanc et coupez en petits morceaux la ciboulette (au moins 7/8 tiges). Ajoutez à la sauce, salez et poivrez.

- Quand le poisson est cuit, sortez-le et laissez-le refroidir quelques minutes. Enlevez-lui la peau et retirez délicatement la chair de sa carcasse.

- Réchauffez quelques instants la sauce, nappez-en le mulet et servez le tout aussitôt.

LA R**AIE**

Poisson impressionnant par l'épaisseur de ses filets, son ossature cartilagineuse et son absence d'arêtes osseuses, sa texture croquante sur la largeur et filandreuse sur la longueur. Sa musculature biface fournit deux filets d'épaisseur différente dont le supérieur est le plus apprécié.

• Ses **caractéristiques nutritionnelles** générales

Poisson très maigre (1 g de lipides pour 100 g), hyperprotéique (22 g pour 100 g), pour seulement 89 calories pour 100 g.

• Son rôle dans le **régime Dukan**

Dans mon régime, la raie est un poisson d'un très grand intérêt car sa chair est dense, rassasiante, bourrée de protéines et ultra-maigre. Mais hélas, la raie ne laisse pas indifférent : on l'adore ou on la déteste, en raison de sa légère touche ammoniaquée qui s'élimine à grande eau.

• Les **préparations culinaires** dans le **régime Dukan**

Sa préparation est un grand classique, pochée puis nappée de beurre noisette. Dans mon régime, le beurre est remplacé par un brossage au pinceau d'huile de noix pendant une bonne minute, puis un ajout de citron et de câpres pour ne laisser que le goût de la noix sans les calories.

AILE DE **RAIE**
AUX FINES HERBES ET AUX CÂPRES

Temps de préparation : 25 min
Temps de cuisson : 5 min
Pour 2 personnes

1 aile de raie assez épaisse

1/2 verre de vinaigre

1 gros bouquet de fines
herbes variées (ciboulette,
persil, estragon, etc.)

Sel, poivre

Pour la sauce

1 citron (1 moitié pour le jus,
l'autre pour la garniture)

1 cuillère à soupe de fines
herbes hachées

1 cuillère à soupe de câpres

Sel, poivre

- Lavez l'aile de raie à grande eau. Déposez-la dans le panier perforé de l'autocuiseur garni d'un lit d'herbes aromatiques. Salez, poivrez. Disposez un peu d'herbes sur le poisson.

- Dans l'autocuiseur, versez 2 verres d'eau vinaigrée. Placez le panier en position haute. Fermez l'autocuiseur. Laissez cuire 5 min à partir de la mise en pression.

- Une fois la raie cuite, ôtez la peau et les herbes. Décollez la partie supérieure de l'arête et déposez dans une assiette chaude. Procédez de même pour la partie inférieure.

- Présentez le poisson bien chaud assaisonné de sel et poivre, arrosé de jus de citron, saupoudré de fines herbes, de câpres et garni du demi-citron coupé en deux.

LE **ROUGET**

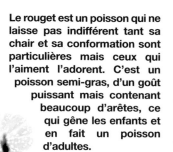

Le rouget est un poisson qui ne laisse pas indifférent tant sa chair et sa conformation sont particulières mais ceux qui l'aiment l'adorent. C'est un poisson semi-gras, d'un goût puissant mais contenant beaucoup d'arêtes, ce qui gêne les enfants et en fait un poisson d'adultes.

● Ses **caractéristiques nutritionnelles** générales

Comme tous les poissons, il est riche en protéines (20 g pour 100 g) mais il apporte 8 g de lipides et leur oméga 3, le tout pour 130 calories pour 100 g.

● Son rôle dans le **régime Dukan**

Son intérêt dans mon régime est immense pour ceux qui l'apprécient et ne s'en lassent pas, ayant l'impression d'être à la fête. Semi-gras et très ferme, il a un puissant effet de satiété. Habituellement vendu frais, entier ou en filets, on le croise en trois tailles différentes : le bébé rouget au goût très fin et aux arêtes indiscernables, le rouget moyen classique et le très gros rouget qui se prépare au four et qui est un véritable plat royal, rare, précieux et coûteux.

● Les préparations culinaires dans le **régime Dukan**

Sa préparation doit se faire au fur et à mesure : à la poêle pour les petits et les moyens, au four pour les gros avec quelques herbes de Provence et du citron, et rien d'autre. Le rouget est l'unique poisson qui se prépare sans le vider, ce qui renforce encore sa puissante saveur. Existe en filets surgelés chez Picard.

ROUGETS
ANISÉS À LA PROVENÇALE

Temps de préparation : 5 min
Temps de cuisson : 20 min
Pour 2 personnes

4 beaux rougets
4 gambas
Anis en grains, laurier, thym

2 cuillères à soupe de pastis
Sel, poivre

- Disposez les rougets et les gambas dans une papillote de papier sulfurisé.
- Aromatisez avec les épices et le pastis.
- Salez, poivrez et refermez la papillote.
- Placez au four pendant 15 à 20 min selon votre four, à 210 °C (thermostat 7).

LA **SARDINE**

La sardine est un petit poisson gras parmi les plus protecteurs de santé du monde, y compris dans le domaine du surpoids, car c'est un poisson dont la chair est extrêmement rassasiante.

• Ses **caractéristiques nutritionnelles** générales

Sur le plan nutritionnel, les graisses de la sardine sont d'une qualité exceptionnelle (polyinsaturées) et très riches en oméga 3. Leur teneur varie entre 3 et 17 % selon la saison mais sont le plus fréquemment à 9 %, ce qui est moindre que celles d'un steak de boucherie (12 %). La sardine est un bon fournisseur de calcium surtout en conserve, donc très utile pour les femmes ménopausées en surpoids.

• Son rôle dans le **régime Dukan**

Dans mon régime, je la considère comme un de mes meilleurs aliments pour son pouvoir de satiété, son apport de matière grasse d'une exceptionnelle qualité, son faible coût et ses présentations diverses en conserve (à la tomate, au citron, en escabèche, à l'huile, mais aussi, ce qui n'est pas très connu, au naturel).

• Les préparations culinaires dans le **régime Dukan**

Elle se prépare de bon nombre de façons, et est accessible en conserve d'un très grand raffinement si l'on prend le temps de bien la choisir. La sardine peut être grillée, si possible au barbecue, sinon à la poêle sans nul besoin de matière grasse. Pour ceux qui ne supportent pas l'odeur, cuire en papillotes au citron et à la coriandre. La sardine crue est d'un grand intérêt à faire mariner : une couche de poisson sur une couche d'ail, persil et citron.

SARDINES À LA CALABRAISE

Temps de préparation : 10 min
Temps de cuisson : 12 min
Pour 2 personnes

12 sardines fraîches	8 tomates cerises
200 g coulis de tomates	8 œufs de caille cuits durs
3 gousses d'ail écrasées	Paprika
Le jus d'1 citron	Sel, poivre

- Dans une casserole, versez coulis de tomates, jus de citron et ail écrasé. Faites cuire à feu vif 5 min.

- Dans une poêle, faites dorer 2 min les sardines préalablement salées, poivrées et parsemées de paprika. Retournez-les à mi-cuisson. Versez le coulis sur les sardines.

- Ajoutez les œufs et les tomates coupés en deux. Faites chauffer pendant 2 min.

LE **SAUMON** ET LE **SAUMON FUMÉ**

Le saumon est passé en vingt ans du statut d'aliment de luxe au poisson le plus vendu du monde. Et pour ce faire, c'est le poisson qui a le plus profité de l'élevage, ce qui le rend accessible tout au long de l'année. En pratique, plus le saumon est gras, plus il est apprécié, c'est-à-dire dans la partie supérieure, aussi loin de la queue que possible.

• Ses **caractéristiques nutritionnelles** générales

Sur le plan nutritionnel, c'est un poisson gras mais ses graisses sont médicinales, nettoyant les artères que le gras de l'entrecôte de bœuf, de l'agneau et du porc encrasse. Bourré d'oméga 3, ses actions sur le sommeil et la résistance au stress sont à favoriser dans un régime amaigrissant. Enfin, frais, il n'apporte que 200 calories pour 100 g et 250 calories pour le fumé, soit 80 calories par tranche. Comment s'en priver ?

• Son rôle dans le **régime Dukan**

Dans mon régime, le saumon est l'une des pièces majeures. C'est mon numéro 1 du poisson. Pourquoi ? Parce qu'il a conservé son air de fête, qu'il est gras, onctueux en bouche, affichant une belle couleur « saumonée », qu'il est rassasiant, peu onéreux, se congèle facilement et n'y perd pas du tout de sa saveur ni de sa consistance.

• Les préparations culinaires dans le **régime Dukan**

Le saumon est un tout-terrain de la cuisine. Il se prépare cuit sous toutes ses formes : grillé, à l'unilatéral, en papillotes, à la vapeur, à la poêle, sur un lit de gros sel. Il est extrêmement apprécié en saumon fumé qui a franchi toutes les frontières et toutes les cultures. Et il trouve autant d'adeptes sous sa forme marinée. C'est dire que c'est le premier des aliments de mon régime.

MILLE-FEUILLE DE CONCOMBRE ET **SAUMON**

Temps de préparation : 5 min
Pour 4 personnes

2 tranches de saumon fumé
1 concombre
2 carrés frais 0 %

Œufs de saumon ou de lump
Sel, poivre

- Épluchez le concombre. Coupez des morceaux d'environ 5 à 8 cm de long. À la mandoline, ou au couteau à très fine lame, émincez chaque morceau dans sa longueur en fines lamelles. Découpez le saumon en lamelles à la taille du concombre.

- Alternez dans un plat les lamelles de concombre, saumon et carré frais 0 % sur 3 à 4 couches.

- Terminez par une tranche de concombre et décorez avec des œufs de saumon ou de lump. Salez légèrement et poivrez selon votre goût. Servez frais.

LA **SOLE**

Symbole de la chair fine, blanche et délicate, la sole de qualité est, pour une majorité de consommateurs, le roi des poissons. C'est, à mon avis, le plus facile à accepter pour ceux qui n'aiment pas le poisson. C'est le cas des enfants qui apprennent à apprécier cette chair blanche, ferme, peu agressive en goût, et surtout sans arêtes. Ce goût se maintient ainsi à vie.

• Ses **caractéristiques nutritionnelles** générales

C'est probablement le poisson le plus maigre qui soit (0,5 g de lipides pour 100 g), aussi riche en protéines que les poissons les mieux pourvus et très peu calorique (70 calories pour 100 g).

• Son rôle dans le **régime Dukan**

Dans mon régime, la sole occupe une place majeure. C'est le poisson clé des repas d'affaires, un des rares que les chefs acceptent de préparer grillé. C'est un poisson de luxe car assez coûteux, ce qui confère à qui le consomme un plaisir symbolique supplémentaire. Enfin, c'est le poisson à recommander à ceux qui n'aiment ni toucher, ni préparer le poisson et souhaitent le consommer sans appréhension.

• Les préparations culinaires dans le **régime Dukan**

Sa préparation doit être simplissime car tout apport extérieur peut lui ôter sa finesse, son principal capital. À préparer au gril ou poêlé, avec un jus de citron. On peut le servir avec des écrevisses et de la bisque pour exalter encore un peu de sa finesse et de sa délicatesse. Existe en filets surgelés chez Picard.

PAPILLOTES DE **FILETS DE SOLE** ET CREVETTES GRISES

Temps de préparation : 20 min
Temps de cuisson : 20 min
Pour 4 personnes

8 filets de sole

120 g de crevettes grises

8 cuillères à soupe de fromage blanc à 0 %

2 cuillères à soupe de crème fraîche allégée à 3 %

2 citrons

2 branches de persil plat

8 brins de ciboulette

Sel, poivre

- Lavez et ciselez la ciboulette. Effeuillez le persil. Coupez les citrons en rondelles fines. Versez le fromage blanc dans une casserole avec la crème fraîche allégée. Salez et poivrez.

- Ajoutez la ciboulette ciselée, et faites chauffer à feu très doux sans laisser bouillir. Découpez 4 grands carrés de papier sulfurisé. Roulez les filets de sole sur eux-mêmes et maintenez-les à l'aide d'une pique en bois. Placez une rondelle de citron au centre de chaque ruban de sole enroulé puis posez deux rubans enroulés dans chaque carré de papier sulfurisé.

- Préchauffez le four à 180 °C (thermostat 6). Versez la sauce à la ciboulette sur les rubans de sole enroulés. Ajoutez les crevettes grises et des feuilles de persil plat.

- Fermez les papillotes. Enfournez-les et faites-les cuire 18 min. Servez bien chaud dès la sortie du four.

LE **SURIMI**

Un des aliments de la mondialisation qui s'est engouffré dans la brèche ouverte contre le surpoids. Au Japon, d'où il est originaire, il est fabriqué en mer, sur le lieu de pêche : c'est le surimi-base, de chair blanche et noble du poisson dégraissé. Les Japonais s'en servent aussi pour fabriquer des succédanés de crustacés. En France, il est associé à un liant, de la fécule, quelques arômes de mer et du blanc d'œuf. La pâte obtenue est cuite puis réduite en filaments enfin regroupés en bâtonnets ou en miettes.

• Ses **caractéristiques nutritionnelles** générales

Sur le plan nutritionnel, c'est un aliment de qualité, propre et sain, qui a été l'objet, comme tant d'autres cibles qui dérangent, de rumeurs sans fondement. Pour moi et pour celui qui cherche à maigrir, le surimi est un aliment de tout premier plan. 113 calories pour 100 g et 4,5 g de lipides pour 100 g.

• Son rôle dans le **régime Dukan**

Dans mon régime, le surimi est une pièce maîtresse qui présente presque tous les avantages. Facile à transporter, sans odeur, tout prêt, bon marché, de goût simple mais facile à accepter, bourratif et rassasiant, maigre et d'usage multiple. L'expérience prouve qu'il figure parmi les quarante-cinq aliments les plus consommés, surtout au repas du midi quand le temps presse. Il est tellement utile et facilitateur du régime que ses 6 % de glucides lents ne me dérangent pas plus que ceux du lactose des laitages.

• Les préparations culinaires dans le **régime Dukan**

Le surimi se mange le plus souvent seul, en bâtonnets ou émietté dans des salades. Avec un peu d'imagination, il s'intègre très bien à de nombreuses recettes comme les amuse-bouches surimi au carré frais Gervais allégé, la terrine de poireaux au surimi, le pain de thon au surimi…

GRATIN AU **SURIMI**

Temps de préparation : 8 min
Temps de cuisson : 20 min
Pour 2 personnes

360 g de râpé de surimi
4 œufs
4 petits-suisses nature 0 %

4 cuillères à soupe
de fromage blanc 0 %
2 cuillères à café d'agar-agar
Sel, poivre

- Préchauffez le four à 240 °C (thermostat 8).

- Dans un saladier, versez les miettes de surimi, cassez les quatre œufs entiers dessus. Ajoutez les petits-suisses et le fromage blanc. Salez, poivrez.

- Versez l'agar-agar et mélangez le tout pour avoir une préparation bien homogène.

- Placez la préparation dans un petit plat à four carré ou ovale et mettez-la dans le four pendant 20 min.

- Laissez cuire pendant 20 min jusqu'à ce que le gratin soit un peu gonflé et doré.

LE **THON** ET LE **THON AU NATUREL**

Aliment de la modernité et de la mondialisation bénéficiant de flottes de pêche sophistiquées, de sa taille, de la faveur du public, de ses qualités nutritionnelles et surtout de sa mise en conserve sous différentes formes.

• Ses **caractéristiques nutritionnelles** générales

Sur le plan nutritionnel, c'est le plus protéiné des poissons (26,5 g pour 100 g), beaucoup moins gras qu'on ne le dit (1,7 g pour 100 g au naturel, et 6 g en thon cru) et beaucoup moins calorique qu'un steak ordinaire (150 calories pour 100 g). De plus, il est aussi riche en fer que la viande rouge et d'une exceptionnelle teneur en vitamine PP qui participe au bon fonctionnement du système nerveux et à la production d'énergie.

• Son rôle dans le **régime Dukan**

Dans mon régime, le thon est un aliment fondateur. C'est de tous les poissons le plus riche en protéines. C'est le plus rassasiant, à la chair la plus ferme et se prêtant à de très nombreuses préparations. En boîte et en conserve au naturel, c'est, avec le surimi, l'aliment de mer le plus utilisé par mes patients et adeptes de mon régime.

• Les préparations culinaires dans le **régime Dukan**

Sa consommation se prête à de multiples préparations. En steak de thon grillé, c'est la préparation royale. Veillez à ne pas trop le cuire, ce qui le dessèche et l'assèche de son jus si goûteux. Évitez de le piquer en cours de cuisson. Il peut aussi se préparer au four ou en papillotes mais il y perd beaucoup de ses qualités gustatives. Cru en tartare ou en carpaccio, c'est l'une de ses grandes préparations. À la tahitienne, en petits cubes marinés au citron vert, il reste moelleux et savoureux. Attention ! Un thon contaminé, contrairement à tous les poissons, ne se voit pas à son odeur, sa saveur et sa consistance changées. Il demande donc à être consommé avec une garantie de fraîcheur. Au moindre doute, faites-le cuire, ce qui élimine tout risque.

CAKE AU THON

Temps de préparation : 8 min
Temps de cuisson : 40 min
Pour 2 personnes

2 œufs

3 petits-suisses 0 %

1 boîte de thon au naturel et son jus

1 cuillère à café de curry

4 cuillères de lait écrémé

Sel, poivre

- Dans un moule à cake, mélangez tous les ingrédients jusqu'à obtenir une préparation homogène.
- Placez dans le four à 240 °C (thermostat 8) pendant 30 min puis 10 min supplémentaires à 180 °C (thermostat 6).
- Le cake au thon doit être doré.

LE **TURBOT**

Poisson rare, fin, cher. Poisson des grands restaurants chics. Mais poisson de récompense dont l'épais filet laisse un souvenir impérissable à celui qui est au régime.

Ses **caractéristiques nutritionnelles** générales

Sur le plan nutritionnel, oubliez ses calories (116 pour 100 g), ses protéines et ses lipides. Soyez à la fête et ne comptez pas !

Son rôle dans le **régime Dukan**

Dans mon régime, le turbot est trop luxueux pour le quotidien du « régimeur ». C'est dommage car il est aussi délicieux que maigre. Fixez-vous un challenge : un beau morceau poché ou cuit au four à mi-chemin et à poids atteint (bien évidemment, si vous aimez le poisson).

Les préparations culinaires dans le **régime Dukan**

Sa préparation doit être optimisée. À apprêter avec des fruits de mer, langoustines et bisque, et des morilles. Mais surtout à ne pas laisser cuire trop longtemps : ce serait la Berezina !

TURBOT À LA VANILLE

Temps de préparation : 15 min
Temps de cuisson : 10 min
Pour 4 personnes

4 filets de turbot

1 gousse de vanille

2 cuillères à café de sauce de soja

Le jus d'un ½ citron

1 cuillerée à café de thym émietté

4 cuillères à soupe de crème allégée à 3 %

1 cuillère à soupe de ciboulette hachée

Sel, poivre

- Mettez la crème fraîche dans une petite casserole, ajoutez les graines de vanille contenues dans la gousse, le thym, 1 cuillère à café de sauce de soja et le jus de citron. Laissez reposer le mélange.

- Faite cuire le poisson en le saisissant dans une poêle antiadhésive préalablement chauffée avec 1 cuillère à café de sauce de soja et 1 cuillière à soupe d'eau.

- Salez, poivrez et laissez cuire pendant 8 à 10 min en retournant souvent les morceaux pour obtenir une légère coloration de cuisson.

- Faites chauffer à feu doux le mélange pour la sauce et servez le poisson avec la sauce tiède.

LA **CAILLE**

Volaille insuffisamment connue mais qui mériterait de l'être surtout lorsqu'elle est vendue sous label provenant d'élevages fermiers. Riche en protéines, peu grasse et moyennement calorique, elle bénéficie d'une consommation festive issue du temps où elle était gibier. Enfin, son prix est accessible à tous.

• Ses **caractéristiques nutritionnelles** générales

Sur le plan nutritionnel, c'est comme une volaille classique dont il faut ôter la peau. 70 calories par caille cuisinée, c'est-à-dire à peine plus qu'un fromage blanc maigre, 4 g de lipides par caille mais 12 g de protéines !

• Son rôle dans le **régime Dukan**

Dans mon régime, je recommande la caille car bien préparée, elle est savoureuse, fine, de bonne consistance et surtout, elle entre dans ma catégorie des « slow-foods » aux côtés des artichauts, tourteaux, bigorneaux, moules… longs à consommer et générateurs de satiété intéressants pour les mangeurs rapides.

• Les préparations culinaires dans le **régime Dukan**

Sa préparation de choix est en cocotte ou au four farcie au petit-suisse à 0 % bourré d'aromates, d'une cuillère à café de son d'avoine et de petits morceaux de citron confit. Essayez de vous préparer 2 cailles de la sorte et vous serez repu(e) et bien-heureux(se).

CAILLES **FARCIES** À LA FAISSELLE ET À LA PURÉE DE CÉLERI

> Temps de préparation : 10 min
> Temps de cuisson : 15 min
> Pour 2 personnes

100 g de faisselle 0 %	1 bouquet de ciboulette
2 cailles	Cumin en grains
200 g de purée de céleri-rave	Sel, poivre

- Désossez les cailles par le dos en laissant les flancs bien attachés.
- Mélangez la faisselle avec la purée de céleri-rave, la ciboulette ciselée, 2 pincées de cumin, le sel et le poivre.
- Garnissez les cailles, refermez et posez-les dans des petits ramequins individuels, la pliure en dessous.
- Faites cuire au four 15 min à 150 °C.
- Servez bien chaud avec la purée de céleri-rave.

LE **COQUELET**

Le coquelet est une espèce à part entière, élevé entre 32 et 38 jours, et d'un poids moyen de 450 g. Son prix se situe aux alentours de 5 à 6 euros le kilo.

• Ses **caractéristiques nutritionnelles** générales

Sur le plan nutritionnel, il est très voisin du poulet, un peu plus riche en protéines (21 g pour 100 g), un peu moins calorique (147 calories pour 100 g), de teneur équivalente en graisses (7 g avec la peau ; 6 g sans).

• Son rôle dans le **régime Dukan**

Dans mon régime, il est intéressant pour les personnes seules ou les couples à petit appétit, rapide à cuire tant au four que coupé en deux et plaqué sur une poêle ou un gril.

• Les préparations culinaires dans le **régime Dukan**

Sa préparation est riche de potentialités. Il est excellent rôti, doré au four, grillé ou en cocotte. Le résultat varie beaucoup avec la qualité. Pour un euro de plus, choisissez un coquelet certifié, bien plus savoureux.

COQUELETS
AUX CITRONS CONFITS

Temps de préparation : 20 min
Temps de cuisson : 40 min
Pour 2 personnes

2 coquelets

5 brins de thym

50 cl de bouillon de poule

2 oignons moyens

2 gousses d'ail

6 citrons confits

Sel

Poivre

- Effeuillez le thym. Saupoudrez sur les coquelets, posés dans un plat allant au four.

- Découpez les citrons confits en tranches et couvrez les coquelets de celles-ci.

- Enfournez pendant 20 min à 180 °C (thermostat 6). Arrosez à mi-cuisson du bouillon de poule.

- Émincez les oignons, hachez l'ail.

- Sortez le plat du four. Répartissez autour des coquelets l'oignon et l'ail.

- Salez et poivrez. Replacez au four pendant 20 min en surveillant la cuisson.

LA **DINDE**

La dinde démocratisée jusqu'à la moelle fut longtemps une volaille de choix abattue pour les fêtes de fin d'année. Le choix s'est démultiplié avec la dinde de batterie très bon marché débitée en rôtis-filets, rôtis cuisinés, escalopes, morceaux pour blanquette... et la belle fermière de petit élevage de 4 ou 5 kg, pour la fin d'année.

• Ses **caractéristiques nutritionnelles** générales

Sur le plan nutritionnel, c'est la volaille la moins calorique (109 calories pour 100 g), très maigre et très riche en protéines. On peut difficilement faire mieux, d'autant qu'elle est très riche en vitamines B, en fer et en magnésium, c'est-à-dire dynamisante et apaisante à la fois.

• Son rôle dans le **régime Dukan**

Dans mon régime, la dinde joue un très bon rôle car c'est la plus maigre des volailles et aussi de toutes les viandes existantes. De plus, c'est une viande pratique et facile, peu goûteuse mais se prêtant à toutes préparations, tous usages et recettes. Pour moi, son meilleur rôle est sous la forme d'un beau cuissot rôti au four, piqué d'ail comme le gigot d'agneau et découpé tranche après tranche sur quelques jours. C'est un grand moment de table qui se prête à la convivialité, à un prix très acceptable.

• Les préparations culinaires dans le **régime Dukan**

Sa préparation est souvent ultrasimple pour les morceaux de blanc à la découpe. Essayez de la cuisiner à la moutarde de Meaux ou sur un nid d'oignons, ou tentez la dinde farcie (1/4 de veau, 1/4 de bœuf, 1/4 de jambon haché découenné dégraissé et 1/4 de champignons hachés + aromates).

BLANC DE **DINDE** À L'INDIENNE

Temps de préparation : 5 min
Temps de cuisson : 15 min
Pour 2 personnes

2 blancs de dinde

2 cuillères à soupe de poudre « cuisinez à l'indienne » ou de curry

Sel

Poivre

- Coupez en morceaux les blancs de dinde.

- Faites-les revenir dans une poêle anti-adhésive. Dès qu'ils sont dorés, salez, poivrez et mettez un mélange préalablement préparé avec de l'eau (1/20 de litre) et de la poudre.

- Continuez à faire cuire jusqu'à ce que l'eau s'évapore entièrement. Servez chaud.

LE **FOIE** DE VOLAILLE

Aliment de qualité nutritionnelle majeur, très apprécié pour l'originalité de sa saveur pour un prix accessible à tous. Il s'agit essentiellement du foie de poulet, plus connu que le foie de lapin, d'une texture et d'un goût exceptionnels.

• Ses **caractéristiques nutritionnelles** générales

Sur le plan nutritionnel, il est maigre (5 g pour 100 g de lipides), riche en protéines (20 g pour 100 g) et si peu calorique. Enfin, le foie de volaille est une source dense de vitamine A et de vitamines B, et plus encore de fer, ce qui donne une bonne action tonifiante et stimulante bienvenue en cours de régime.

• Son rôle dans le **régime Dukan**

Dans mon régime, c'est un maître-aliment car c'est l'un des cinq aliments les plus rassasiants de la création. C'est un aliment maigre et bourré de protéines et d'un stock rare de vitamines. Pour ceux qui ont la chance de l'aimer et n'ont pas trop de cholestérol, c'est un produit de première intention.

• Les préparations culinaires dans le **régime Dukan**

Il se prépare de multiples façons mais la plus appréciée du « régimeur » est la cuisson à la poêle suivie d'un déglaçage final au vinaigre de cidre ou balsamique. N'ayez pas peur d'en mettre : ce n'est jamais assez. Il est aussi remarquable dans les salades composées, surtout la frisée avec laquelle il fait bon ménage. Mais il est aussi exceptionnel en terrine aux oignons confits, rehaussée de feuilles de laurier.

FOIE DE VOLAILLE
AUX HERBES DE PROVENCE

Temps de préparation : 5 min
Temps de cuisson : 15 min
Pour 2 personnes

1 boîte de foies de volaille

1 petite boîte de tomates concassées

1 cuillère à soupe de vinaigre balsamique

Herbes de Provence

Sel

Poivre

- Dans une poêle antiadhésive, faites revenir à feu moyen les foies de volaille jusqu'à ce qu'ils soient dorés. Salez et poivrez.

- Déglacez avec le vinaigre balsamique.

- Ajoutez les tomates concassées. Assaisonnez d'herbes de Provence et laissez mijoter 15 min.

LE JAMBON DE **DINDE**
ET LE JAMBON DE **POULET**

Comme le jambon de porc découenné dégraissé, les jambons de volaille de ce type, allégés, constituent une vraie révolution dans l'offre de la grande distribution. Ils sont savoureux, sûrs, issus de grandes marques qui ont les moyens de sécuriser leur production. Bien enveloppés sous blister, ils sont faciles à transporter et sont consommables n'importe où, au bureau, en voiture… sans aucune odeur ni nuisance.

• Ses **caractéristiques nutritionnelles** générales

Sur le plan nutritionnel, ce sont des aliments très peu caloriques (110 calories), très riches en protéines (22 g pour 100 g) avec 2 à 3 g de lipides aux 100 g, ce qui constitue, avec le jambon découenné dégraissé de porc, les aliments ayant la meilleure fiche technique des aliments Dukan.

• Son rôle dans le **régime Dukan**

Ils sont extrêmement utiles et utilisés en raison de leur facilité d'emploi au déjeuner car ils sont peu coûteux et utilisables sur le pouce pour tous ceux qui n'ont ni cantine, ni le temps, ni les moyens du restaurant quotidien. Il semble au vécu de celles et ceux qui l'ont adopté que ce type de jambon ne développe pas de lassitude si on sait les alterner avec d'autres comme le jambon de porc, mais aussi choisir des variétés différentes (rôtis, cuisinés…) et les intégrer dans des recettes.

• Les préparations culinaires dans le **régime Dukan**

Ils se consomment le plus souvent de la sorte, à la bouche, notamment à l'heure du repas. Mais ils peuvent être utilisés dans des préparations comme l'omelette, gratinés avec des endives braisées, utilisés dans les sandwichs Dukan avec de la galette au son d'avoine.

Roulés de jambon
DE **DINDE** ET DE **POULET**

Temps de préparation : 5 min
Pour 2 personnes

2 tranches de jambon
de dinde

2 tranches de jambon
de poulet

4 carrés frais 0 %
ail et fines herbes

- Mettez les tranches de jambon de dinde et de poulet à plat.
- Étalez 1 carré frais 0 % ail et fines herbes sur chaque tranche puis roulez-les.
- Coupez chaque roulé en 6 et disposez en assiette.
- Saupoudrez de persil.

LE **PIGEON**

Petite volaille à chair très fine, très recherchée des gourmets. Originale, maigre, peu calorique et conservant un air de fête : ce qui explique aussi son prix élevé.

• Ses **caractéristiques nutritionnelles** générales

Sur le plan nutritionnel, le pigeon est l'une des viandes les plus riches en protéines (37 g pour 100 g), extrêmement maigre (3 g pour 100 g) : on la croirait créée pour mon régime.

• Son rôle dans le **régime Dukan**

Dans mon régime, le pigeon est un aliment à dimension festive et conviviale qui neutralise la sensation de régime. De plus, sa très forte teneur en protéines exerce une action de satiété qui s'ajoute au fait que le pigeon prend du temps à être désossé. Enfin, les pigeons échappent aux horreurs de l'élevage industriel intensif et la qualité de leur chair en témoigne. Choisir toujours le pigeonneau de 400 à 500 g nourri au grain. Enfin, le pigeon ramier ou palombe sauvage est très recherché et majore encore son côté festif.

• Les préparations culinaires dans le **régime Dukan**

Sa préparation de choix, comme toutes les petites volailles, est la cocotte. Sa chair tendre ne nécessite qu'une cuisson courte. Essayez le pigeon au citron confit, le pigeon aux girolles, le pigeon farci (veau, bœuf, champignon, échalotes, sel et poivre). Et essayez UNE FOIS le pigeon de Bresse !

$\mathcal{P}$IGEON AUX ÉPICES

Temps de préparation : 25 min
Temps de cuisson : 30 min
Pour 2 personnes

2 pigeons
2 échalotes
1 gousse d'ail
2 clous
de girofle
2 pincées de cannelle
en poudre

2 cuillères à soupe
d'édulcorant liquide
1 cuillère à soupe
de sauce de soja
1 cuillère à soupe
de grains de poivre
Sel, poivre

- Demandez à votre boucher de vider les pigeons et de vous garder les foies. Dans une terrine, réunissez la sauce de soja, l'édulcorant, la cannelle, les clous de girofle, les grains de poivre concassés, les échalotes et l'ail préalablement émincés.

- Placez alors les pigeons dans cette marinade, pendant 2 heures, tout en veillant bien à les retourner régulièrement. Retirez les pigeons et récupérez le jus de marinade. Préchauffez le four à 180 °C (thermostat 6). Salez et poivrez les foies des pigeons.

- Faites dorer les foies de chaque côté à feu moyen dans une poêle antiadhésive. Hachez les foies et ajoutez la moitié de la marinade et farcissez-en généreusement les pigeons. Bridez-les et faites-les cuire dans une cocotte en fonte au four pendant 30 min, selon la grosseur, en veillant à les retourner au milieu de la cuisson.

- Prolongez la cuisson suivant votre convenance. Retirez le tout et disposez les pigeons sur un plat de service. Mettez la cocotte sur feu vif et déglacez avec le reste de marinade. Versez le jus obtenu dans une saucière et servez.

LA **PINTADE**

C'est la volaille française par excellence : nous en sommes le premier producteur au monde. La pintade, à la différence du poulet, ne survit pas en élevage intensif. Donc, c'est toujours un animal bien élevé, mais abattu à 80 jours.

• Ses **caractéristiques nutritionnelles** générales

Sur le plan nutritionnel, la pintade est l'une des volailles les plus maigres (5 g pour 100 g) et de lipides de bonne qualité (insaturés) et c'est la plus riche en protéines pour seulement 155 calories aux 100 g.

• Son rôle dans le **régime Dukan**

Dans mon régime, c'est un aliment de 2e rang auquel on ne pense pas souvent et qui doit se préparer avec soin car il ne répond pas trop à la demande urgente de ceux qui entrent chez eux le soir affamés.

• Les préparations culinaires dans le **régime Dukan**

Sa préparation doit se faire en cocotte car sa chair est trop sèche pour être rôtie au four. Donc à préparer accompagnée de tous les légumes possibles aussi juteux que possible pour aller irriguer cette chair difficile à imprégner.

PINTADE AU CHOU

Temps de préparation : 30 min
Temps de cuisson : 30 min
Pour 6 personnes

1 belle pintade 1,2 à 1,5 kg

1 oignon

6 carottes

1 beau chou

4 clous de girofle

1 bouquet garni

1 bouillon cube
de volaille dégraissé

1 boîte de 400 g
de tomates concassées

200 g de champignons
de Paris

300 g d'allumettes
de poulet

Sel

Poivre

- Épluchez les carottes et coupez-les en rondelles.

- Pelez et coupez l'oignon en quatre et mettez-y les clous de girofle. Dans une cocotte, faites blanchir le chou environ 10 min.

- Dans une autre cocotte-minute, faites revenir la pintade. Il faut qu'elle soit dorée.

- Ajoutez-y les carottes, l'oignon, les allumettes de poulet, les champignons, le concassé de tomates et le bouquet garni. Ajoutez le chou et recouvrez d'eau. Émiettez le bouillon cube, remuez tout doucement, salez et poivrez.

- Couvrez et prolongez la cuisson de 30 min après le sifflement de la cocotte-minute.

LE **POULET**

Grand aliment animal de la modernité, en raison de son élevage industriel. La majorité des poulets consommés, surtout pour les « petits budgets », sont des quatre quarts ou dits de marque. Ce sont des aliments nutritionnellement corrects, rassasiants et très bon marché.

• Ses **caractéristiques nutritionnelles** générales

Sur le plan nutritionnel, le poulet est un aliment relativement maigre (6 g de lipides pour 100 g), qui perd encore 1,5 g en ôtant la peau. Peu calorique, il atteint 140 calories pour 100 g (peau exclue).

• Son rôle dans le **régime Dukan**

Dans mon régime, le poulet est un maître-aliment, de première intention, facile d'usage. Si vous avez les moyens, payez un peu plus cher du Label rouge fermier ou mieux du poulet de Bresse. Vous aurez de la grande qualité et de la belle saveur. Sinon, vous pouvez choisir votre morceau : du blanc bien présenté, des cuisses, des ailes, du frais ou du surgelé et la rôtisserie où les poulets tournent à longueur de journée, habituellement de qualité acceptable.

• Les préparations culinaires dans le **régime Dukan**

La préparation du poulet est d'une extrême variété. Chaque pays, chaque culture, a la sienne. En France, c'est souvent le poulet rôti entier au four dans sa peau et son jus. Chacun y apporte ses aromates, ses épices, sa farce. N'oubliez pas le citron.

AIGUILLETTES DE **POULET** AU VINAIGRE DE CIDRE

Temps de préparation : 5 min
Temps de cuisson : 20 min
Pour 2 personnes

500 g d'aiguillettes de poulet

10 cl de vinaigre de cidre

Persillade

1/2 cuillère à café de gingembre

Sel, poivre

- Faites prendre et brunir dans une poêle antiadhésive les aiguillettes de poulet.

- Dès qu'elles sont dorées, salez et poivrez. Saupoudrez de gingembre en poudre et de persillade. Déglacez ensuite avec le vinaigre de cidre.

- Laissez cuire 5 bonnes min dans le jus en retournant de temps en temps les aiguillettes. Présentez en assiette en saupoudrant d'un peu de persillade.

L'AUTRUCHE

Viande exotique, originale et de résonance festive. Elle intéresse tous ceux qui aiment l'insolite et l'innovant. D'autant plus que cette viande rouge et saignante est saine, savoureuse, très tendre et de très bonne valeur nutritionnelle.

• Ses **caractéristiques nutritionnelles** générales

Sur le plan nutritionnel, cette viande originale contient moins de calories, moins de cholestérol et moins de gras que les autres viandes. C'est un blanc-seing pour mes 100 aliments.

• Son rôle dans le **régime Dukan**

Dans mon régime, je ne peux que l'autoriser, mieux, la conseiller car elle est extrêmement riche en protéines et très maigre. Son seul inconvénient : elle est très coûteuse. Pour avoir une très belle qualité et un prix accessible, la meilleure adresse est Picard (un pack de quatre pavés d'un poids total de 500 g pour 11 euros).

• Les préparations culinaires dans le **régime Dukan**

Essayez de la cuisiner avec un peu de Bridelight 4 % et une cuillère à café de porto : vous épaterez vos invités. Sa préparation la plus classique est la poêle si l'on aime bien la tendreté et le côté saignant. Sinon, essayez-la en ragoût ou sur le gril.

CARPACCIO D'**AUTRUCHE** AU BASILIC

Temps de préparation : 20 min
Pour 4 personnes

500 g de filets d'autruche
1 petit bouquet de basilic
6 cuillères à soupe d'huile de paraffine

1 cuillère à café d'arôme olive*
10 feuilles de basilic
Sel, poivre

- Coupez la viande d'autruche en tranches extrêmement fines.

- Lavez et émincez les feuilles de basilic. Faites-les bien sécher.

- Gardez les petites pousses pour le décor. Dans un petit mixeur ménager, placez le basilic, l'huile de paraffine et l'arôme, salez, poivrez et mixez afin d'obtenir une sauce verte un peu épaisse mais lisse.

- Disposez sur les assiettes les fines tranches de viande en prenant soin de recouvrir parfaitement le fond.

- Étalez au pinceau en fine couche la sauce au basilic. Donnez un tour de moulin à poivre. Dressez un petit bouquet de salade et de pousses de basilic au centre de l'assiette.

LE **TOFU**

Caillé de lait de soja formé puis pressé. Produit issu de la culture japonaise au même titre que le surimi et qui s'est progressivement imposé par ses spécificités. Commercialisé en blocs rectangulaires, de consistance variant entre le flan et la feta, il est encore peu connu de la ménagère française.

- Ses **caractéristiques nutritionnelles** générales

Sur le plan nutritionnel, il possède approximativement la composition d'une viande maigre (16 g de protéines, 8 g de lipides, 1 g de glucides pour 100 g), pour seulement 142 calories pour 100 g. De plus, il est riche en fer et en magnésium et, je le rappelle encore, apporte ZÉRO cholestérol.

- Son rôle dans le **régime Dukan**

Dans mon régime, il occupe une position forte. C'est l'un des seuls végétaux que j'inclus parmi les 70 aliments suffisamment riches en protéines, les autres étant d'origine animale, et ceci parce qu'il contient autant de protéines que poissons et viandes, mais moins de graisses. Ses protéines sont un peu moins complètes que les animales : elles manquent d'un acide aminé essentiel, la méthionine, un « trou » dans leur agencement qui empêche leur assimilation. Pour l'adjoindre, il suffit d'associer à l'alimentation le son d'avoine, seule céréale autorisée dans mon régime, dont la richesse en méthionine confère à ces protéines la même valeur biologique que celles de l'animal.

- Les préparations culinaires dans le **régime Dukan**

Préparé cru, haché et assaisonné, le tofu complète des salades ou des hors-d'œuvre. On le cuit à la poêle, on le grille à la plancha, on le mijote ou on le braise. La saveur fade du tofu se rehausse facilement avec de la sauce de soja, la cuisson avec oignon et ail, la fréquentation du gingembre, du cari, de la moutarde de Dijon ou de Meaux, de la poudre de chili, et tout particulièrement la sauce Worcestershire.

MOUSSE AU **TOFU** SOYEUX ET AUX CARRÉS FRAIS 0 %

Temps de préparation : 10 min
Réfrigération : 3 heures
Pour 6 personnes

300 g de tofu soyeux
8 carrés frais 0 %
50 cl de lait écrémé
8 g de gélatine en poudre
Le jus d'1 citron
Zeste d'1 citron

4 cuillères à soupe
d'édulcorant en poudre
ou plus selon goût

1/2 cuillère à café
de cannelle en poudre

1 cuillère à café d'eau
de fleur d'oranger

- Dans une casserole, mettez le lait, le zeste de citron et la cannelle. Portez à ébullition et laissez infuser 20 min.

- Dans un robot, mixez le tofu soyeux avec l'édulcorant, les carrés frais, le jus de citron et le lait tiède infusé avec le zeste et la cannelle. Vous obtenez une préparation mousseuse déjà très bonne.

- Versez la préparation dans une casserole et faites légèrement chauffer pour pouvoir incorporer la gélatine en poudre préalablement diluée dans un peu d'eau. Mélangez à l'aide d'un fouet. Laissez refroidir un peu avant de verser la préparation dans des verrines.

- Laissez refroidir la mousse à température ambiante à nouveau puis au réfrigérateur pendant 3 heures.

LE **SON D'AVOINE**

Longtemps considéré comme un aliment pauvre confié à l'alimentation des chevaux et la confection des matelas, c'est aujourd'hui, l'un des aliments les plus précieux et protecteurs de l'alimentation humaine.

• Ses **caractéristiques nutritionnelles** générales

Sur le plan nutritionnel, tout est dit dans la partie sur le rôle du son d'avoine dans mon régime[1]. Il faut ajouter sa très bonne teneur en protéines, sa puissance d'absorbtion – jusqu'à trente fois son volume d'eau – suffisante pour occuper l'estomac, son action avérée sur la réduction du cholestérol, sur le ralentissement de l'absorption des sucres, sur le transit et sur la prévention du cancer du côlon.

• Son rôle dans le **régime Dukan**

Dans mon régime, c'est plus qu'un maître-aliment, c'est un aliment clé, un aliment stratégique qui élargit considérablement l'assise de mon régime. Grâce à ses molécules de béta-glucanes, si visqueuses et adhésives qu'elles collent à tout ce qui les environne dans le jus gras, sucré et hypercalorique du bol intestinal. Il s'agit donc d'un aliment d'un genre nouveau, un contre-aliment qui vient parasiter notre alimentation de ses plus belles calories.

• Les préparations culinaires dans le **régime Dukan**

Sa préparation éclaire un des autres points d'excellence de cet aliment : il est bon au goût, savoureux, doux en bouche, éminemment rassasiant et se prête à toutes sortes de préparations surprenantes dans un régime amaigrissant efficace. Tout a commencé avec la galette, puis est arrivée la crêpe, puis le blinis, puis le pain, puis la pizza, puis le pancake, les biscuits… Ceux qui n'ont pas le temps le déposent dans leur yaourt, lui conférant densité et goût des céréales. Nombreux sont ceux qui en font du porridge dans du lait édulcoré et passé au micro-ondes.

---

[1] Cf. Introduction p.p. 9 à 21 de ce livre. Pour ceux qui souhaitent en savoir davantage, lire *Mon secret minceur et santé*, Éditions J'ai lu.

GALETTE AUX **SONS** DUKAN

Temps de préparation : 5 min
Temps de cuisson : 6 min
Pour 1 personne

2 cuillères à soupe
de son d'avoine*

1 cuillère à soupe
de son de blé

2 cuillères à soupe
de fromage blanc 0 %

1 œuf

- Mélangez dans un grand bol les sons, le fromage blanc 0 % et l'œuf. Huilez une poêle antiadhésive avec 3 gouttes sur un papier absorbant.

- Faites cuire la galette 3 min à feu moyen environ, jusqu'à ce qu'elle se décolle de la poêle, puis retournez-la et faites cuire l'autre face.

- Vous avez la possibilité de la faire avec uniquement le blanc d'œuf (battu de préférence) en cas de cholestérol ou pour limiter votre consommation de jaunes.

- La galette peut être dégustée avec édulcorant et arômes ou dans sa version salée en ajoutant herbes et épices diverses.

LE **YAOURT MAIGRE** BLANC
OU AROMATISÉ À L'ASPARTAM

C'est, avec l'aspartam, les sodas light, les chewing-gums sans sucre, le son d'avoine, le vinaigre balsamique, les jambons découennés dégraissés, les bâtonnets de surimi, les aliments les plus porteurs de résistance dans la lutte contre le surpoids. Ces produits comptent probablement à leur actif d'avoir freiné le surpoids dans le monde, c'est-à-dire atténué des pathologies et épargné des mois et des années de vies humaines. Le yaourt est donc un élément de base.

• Ses **caractéristiques nutritionnelles** générales
Comme tous les laitages, les yaourts fournissent du lactose qui permet d'amener un apport en sucres plus lents et atténuer la cétose des régimes artificiels des protéines en sachets. Entre 40 et 50 calories par yaourt.

• Son rôle dans le **régime Dukan**
Le yaourt maigre est dans mon régime une véritable bénédiction. Il est par définition sans matière grasse, sans sucre ajouté, aromatisé, onctueux, rafraîchissant, en pots faciles à transporter, riche en calcium, en protéines d'extrême qualité, pauvre en calories. C'est dans mon régime le moyen le plus simple, le plus naturel de finir un repas.

• Les préparations culinaires dans le **régime Dukan**
Il existe trois types de yaourts maigres : les blancs, brassés, veloutés, à texture compacte ou fluide, à consommer à volonté, les aromatisés (à la vanille, à la noix de coco, au citron, au litchi…) autorisés à volonté, les fruités (il en existe une myriade qui pourrait prendre une année à une armée d'experts pour les tester tous). Pour les fruités, la consigne est simple : ils ne sont pas autorisés mais peuvent servir de joker en cas de besoin, mais seulement avec l'accord du donneur de consignes.

GÂTEAU AU **YAOURT**

Temps de préparation : 10 min
Temps de cuisson : 30 min
Pour 2 personnes

4 cuillères à soupe de son d'avoine*

2 cuillères à soupe de son de blé

4 œufs

1 yaourt nature 0 %

6 cuillères à soupe de lait écrémé en poudre

1/2 sachet de levure chimique

1 cuillère à café d'édulcorant liquide ou plus selon convenance

Arôme au choix*

- Préchauffez le four à 150 °C (thermostat 5).

- Mélangez dans un saladier le yaourt et les œufs. Ajoutez les sons, le lait écrémé en poudre, la levure, l'édulcorant et l'arôme si vous souhaitez un parfum en particulier.

- Versez la préparation dans un moule à cake et enfournez pendant 30 min à 150 °C (thermostat 5).

LE **CARRÉ GERVAIS** 0 %

Le carré à tartiner a ses adeptes, en fait, tous ceux qui dans leur enfance ont bien connu et apprécié l'ancêtre prestigieux avec ses 46 % de matière grasse, une véritable institution dont ils découvrent aujourd'hui la version light et ses 23 calories. Le carré se présente sous forme d'une pâte blanche d'apparence crémeuse et fraîche, subtilement relevée par une délicate touche salée, légèrement granuleuse sous la dent et suffisamment épaisse pour s'appliquer sur une galette de son d'avoine.

- Ses **caractéristiques nutritionnelles** générales
  Sur le plan nutritionnel, le carré frais représente beaucoup de protéines, très peu de glucides et beaucoup de calcium.

- Son rôle dans le **régime Dukan**
  Très rassasiant, sans graisse, bourré de vitamines de grande qualité, il joue un rôle de premier plan comme tous les laitages maigres.

- Les préparations culinaires dans le **régime Dukan**
  Le carré frais peut se manger tartiné sur une galette de son d'avoine. Il constitue aussi bien une entrée sur tomate en remplacement de la mozzarella, qu'un dessert saupoudré d'aspartam qui se marie originalement avec le soupçon de goût salé.

TARAMA DUKAN AUX **CARRÉS FRAIS** 0 %

Temps de préparation : 10 min
Réfrigération : 60 min
Pour 1 personne

100 g d'œufs de saumon
ou d'œufs de lump (rouges)
ou de cabillaud
1 petit-suisse 0 %

2 carrés frais 0 %

Le jus d'1/2 citron

1/2 cuillère à café de paprika
doux en poudre

- Écrasez les œufs de saumon (ou de lump ou de cabillaud) à la fourchette dans un grand bol.

- Ajoutez le petit-suisse, les carrés frais 0 %, le jus de citron et le paprika. Vous pouvez également ajouter 1 blanc d'œuf en neige pour une préparation plus aérienne.

- Placez au frais 1 heure au moins. Tartinez sur une galette Dukan.

LE **FROMAGE BLANC** MAIGRE

Si l'on devait comparer yaourts et fromages blancs, en dehors des attirances gustatives personnelles, c'est tout de même le fromage blanc qui l'emporterait d'une très courte tête pour deux raisons simples. La première est que le fromage blanc est plus compact et légèrement plus rassasiant et la seconde qu'il apporte un peu plus de protéines et serait moins acide. Il n'empêche que le yaourt reste plus utilisé que le fromage blanc probablement en raison de la diversité plus large de ses présentations.

• Ses **caractéristiques nutritionnelles** générales
Les qualités nutritionnelles de ces fromages frais sont à retrouver dans la rubrique yaourts. Comme eux, les fromages blancs maigres se présentent sous une forme nature ou aromatisée et tous deux bénéficient de la mention « À VOLONTÉ ». Les fruités ne sont pas autorisés. Sur le plan nutritionnel, le fromage blanc maigre constitue un apport franc en protéines de haute valeur biologique. Très peu de lactose et beaucoup de calcium. Plus une sacrée dose de saveur et de rassasiement !

• Son rôle dans le **régime Dukan**
Comme tous les laitages maigres, le fromage blanc maigre joue un rôle de premier plan dans mon régime. La lutte des marques de laitages maigres est âpre en France et je n'ai aucune préférence théorique, chacune ayant ses avantages, chacune rivalisant pour fabriquer « un régal » pour 60 calories seulement les 100 g.

• Les préparations culinaires dans le **régime Dukan**
Le fromage blanc maigre se mange nature, avec aspartam, ou incorporé dans de multiples préparations.

MOUSSE AÉRIENNE
À LA FRAISE

Temps de préparation : 20 min
Temps de cuisson :
10 à 15 min pour le sirop
Réfrigération : 4 heures
Pour 4 personnes

400 g de fromage
blanc 0 %

3 feuilles de gélatine

2 à 3 cuillères à soupe
d'édulcorant
selon convenance

2 cuillères à café
d'arôme fraise*

4 blancs d'œufs

1 pincée de sel

5 gouttes de colorant rouge
(facultatif)

- Faites tremper les feuilles de gélatine 5 min dans de l'eau froide. Mettez l'édulcorant dans une casserole et ajoutez 4 cuillères à soupe d'eau. Portez à ébullition et laissez bouillir 2 min.

- Ajoutez ensuite l'arôme fraise, les feuilles de gélatine égouttées et le colorant (facultatif). Mélangez et retirez du feu. Dans un saladier, battez les blancs d'œufs en neige avec le sel pour que cela soit plus ferme. Ajoutez le sirop en mince filet sans cesser de fouetter.

- Ajoutez aux blancs d'œufs en neige le fromage blanc. Remuez délicatement pour ne pas casser les blancs.

- Répartissez la préparation dans les verres et réservez 4 heures au réfrigérateur

LE **FROMAGE BLANC** MAIGRE
EN FAISSELLE

Le fromage blanc en faisselle est une merveille pour ceux qui, nombreux, adorent son petit goût aigrelet. Certains, qui le découvrent, tombent littéralement sous son charme. Je suis de ceux-là, j'aime sa texture compacte qui ne colle pas au palais, son côté artisanal montrant en direct le spectacle du caillé en cours de contraction et le recueil du sérum dans sa boîte à double fond. Un produit vivant et revigorant !

- Ses **caractéristiques nutritionnelles** générales
Sur le plan nutritionnel, ce n'est que protéines et rien d'autre, les glucides sont dans l'exsudat que vous pouvez consommer ou pas.

- Son rôle dans le **régime Dukan**
Comme tous les laitages maigres, le fromage blanc en faisselle joue un rôle de premier plan. Pour ce produit, je ferai une exception, je conseillerai une marque qui surclasse toutes les autres : RIANS et sa faisselle presque aussi savoureuse maigre que grasse. Les faisselles maigres existent en pots de 100 g, 500 g et 1 kg. Les petits sont faciles à transporter et ne coulent pas.

- Les préparations culinaires dans le **régime Dukan**
Le fromage blanc maigre en faisselle se mange nature, avec aspartam, ou incorporé dans de multiples préparations

GÂTEAU VANILLÉ À LA **FAISSELLE**

Temps de préparation : 20 min
Temps de cuisson : 60 min
Réfrigération :
2 heures minimum
Pour 2 à 4 personnes

4 cuillères à soupe
de son d'avoine*

2 cuillères à soupe
de son de blé

375 g de faisselle 0 %

4 œufs

25 cl de lait écrémé

2 cuillères à soupe
d'arôme vanille*

4 cuillères à soupe
d'édulcorant en poudre ou
plus selon convenance

1 pincée
de sel

- Préchauffez le four à 180 °C (thermostat 6).

- Égouttez bien la faisselle 0 %. Séparez les blancs des jaunes. Mettez faisselle et jaunes dans un saladier et mélangez bien. Ajoutez les sons, l'édulcorant, l'arôme vanille, le lait et mélangez bien.

- Dans un autre saladier, battez en neige les blancs d'œufs avec le sel. Incorporez-les délicatement à la préparation précédente.

- Versez la préparation dans un moule à cake et faites cuire pendant 1 heure au bain-marie.

- Lorsque le gâteau est cuit, laissez-le refroidir dans le four avant de le mettre au réfrigérateur pendant 2 heures au minimum.

LE LAIT **ÉCRÉMÉ**

Depuis son origine, le lait écrémé – jadis réservé aux hépatiques – est devenu une des clés des régimes minceur, et tout particulièrement du mien. C'est la raison pour laquelle il occupe une place de choix parmi mes 100 aliments.

- Ses **caractéristiques nutritionnelles** générales
Sur le plan nutritionnel, le lait contient beaucoup de protéines de très haute valeur biologique, des glucides dont le célèbre lactose, beaucoup de calcium. Le lait écrémé en poudre présente de nombreux avantages pour ceux qui savent bien le doser. Il se conserve bien et évite le gaspillage du lait en brique qui se périme vite. Il est meilleur marché et peut se choisir plus ou moins concentré, selon le moment, le goût et l'appétit

- Son rôle dans le **régime Dukan**
Pour ceux qui ne refusent pas le lait et qui ne sont pas intolérants au lactose, c'est une superbe manne qui conjugue boisson et alimentation. Très bon marché, extrêmement rassasiant, c'est un liant du régime qui permet d'améliorer son suivi en intervenant dans de très nombreuses recettes et collations.

- Les préparations culinaires dans le **régime Dukan**
Les recettes seraient nombreuses à passer en revue mais l'une des collations (ou desserts) la plus naturelle et rapide à préparer est le flan à la vanille, au café, à la cannelle, au cacao dégraissé. Essayez le lait dans une soupe au potiron. Sans oublier le lait du petit déjeuner dans un thé, un café, une infusion, un cacao dégraissé. Pour ceux qui ont un gros appétit, pour ceux qui grignotent, le lait est une solution de première intention. Pensez au lait écrémé que vous aromatiserez à la vanille.

ŒUFS AU **LAIT**
ARÔME PISTACHE

Temps de préparation : 5 min
Temps de cuisson : 30 min
Réfrigération : 2 heures
Pour 4 à 8 personnes

1 l de lait écrémé

6 œufs

2 cuillères à soupe
d'arôme pistache *

4 cuillères à soupe
d'édulcorant liquide

1 coque pleine de graines
de cardamome blanche

5 gouttes de colorant
bleu (facultatif)

2 gouttes de colorant
jaune (facultatif)

- Enlevez la grille du four et préchauffez-le à 150 °C
  (thermostat 5).

- Faites bouillir le lait avec les graines de cardamome (ouvrir la coque et ôter les graines) dans
  une casserole. Laissez infuser pendant 15 min.

- Pendant ce temps, cassez les œufs dans un saladier et battez-les à l'aide d'un fouet. Ajoutez
  l'arôme et l'édulcorant et mélangez.

- Ajoutez le lait chaud infusé en fouettant la préparation. Terminez par les gouttes de colorant
  en mélangeant bien. Disposez les ramequins
  sur la grille et versez la préparation. Enfournez
  pendant 30 min à 150 °C (thermostat 5).

- Laissez refroidir à température ambiante puis
  2 heures au frais.

*Disponible sur www.maboutiqueregimedukan.com

LE **PETIT-SUISSE**

Dans cette famille des laitages à 0 % de matière grasse, le petit-suisse est une présentation dérivée qui a beaucoup d'adeptes. Comparée à celles du yaourt et du fromage blanc, la texture du petit-suisse est plus dense, sa consistance plus épaisse. Il tient debout seul mais son goût est crémeux. C'est la surprise !

- Ses **caractéristiques nutritionnelles** générales
Chaque petit cylindre emmailloté dans son linge de papier humide n'apporte que 30 calories.

- Son rôle dans le **régime Dukan**
Comme tous les laitages maigres, il joue un rôle de premier plan s'il est nature. À ma connaissance, il n'existe pas de petits-suisses maigres aromatisés, seulement fruités et sucrés. Ceux-ci ne sont pas autorisés sauf en cas de joker fourni par le donneur de consignes.

- Les préparations culinaires dans le **régime Dukan**
Une astuce issue de mes patients gourmands : édulcorez votre petit-suisse à l'aspartam et avec votre arôme préféré et plantez un bâtonnet avant de le mettre au congélateur pour en faire un esquimau à suçoter devant la télévision.

CHEESE-CAKE AÉRIEN

Temps de préparation : 15 min
Temps de cuisson : 60 min
Réfrigération : 5 heures
Pour 4 personnes

6 œufs

4 petits-suisses 0 %

300 g de fromage carré frais 0 %

1 cuillère à soupe de Maïzena

2 cuillères à soupe d'édulcorant en poudre

2 cuillères à soupe d'arôme fleur d'oranger

3 cuillères à soupe de lait écrémé en poudre

1 cuillère à soupe de lait écrémé liquide

1 cuillère à soupe de levure chimique

1 pincée de sel

- Mettez à égoutter 2 heures les petits-suisses dans du papier absorbant dans un chinois. Mettez dans un saladier les petits-suisses, le fromage carré frais 0 %, l'édulcorant et l'arôme fleur d'oranger. Mélangez bien le tout (mélange 1). Incorporez-y 3 œufs entiers et remuez.

- Dans un bol, mettez le lait en poudre, la levure chimique, la Maïzena et le lait écrémé liquide. Mélangez (mélange 2). Incorporez le mélange 2 au mélange 1.

- Dans un saladier, réservez 3 blancs d'œufs pour les monter en neige avec le sel. Incorporez délicatement les blancs sans les casser.

- Versez le tout dans un moule à soufflé ou dans un moule en silicone. Faites cuire au four à 180 °C (thermostat 6) environ 1 heure au bain-marie. La cuisson dépendant des fours, surveillez donc vers la fin. Ouvrez la porte après la cuisson et laissez refroidir.

- Démoulez et mettez le cheese-cake sur du papier absorbant dans une assiette au réfrigérateur pendant 5 heures. N'hésitez pas à changer le papier absorbant si besoin.

LA **CANCOILLOTTE**

Fromage artisanal de Franche-Comté, l'unique vrai fromage de terroir accepté dans mon régime, fabriqué avec du lait écrémé et utilisable cru ou cuit.

• Ses **caractéristiques nutritionnelles** générales
Sur le plan nutritionnel, la cancoillotte n'apporte que 107 calories et seulement 3,8 g de matière grasse et 18,3 g de protéines pour 100 g. Et ni glucides, ni cholestérol.

• Son rôle dans le **régime Dukan**
Dans mon régime, elle est l'unique représentante de la grande famille des fromages français. Sans avoir les armoiries prestigieuses du camembert ou du roquefort, c'est un fromage qui a la belle odeur salée et piquante du lait fermenté. Froide, la cancoillotte a le goût caractéristique du beurre avec une note salée et légèrement acidulée. À chaud, elle conserve ce goût mais une note fruitée s'y ajoute. À l'achat, elle est semi-liquide et facile à tartiner sur n'importe quel support et tout particulièrement sur la galette au son d'avoine. Elle permet à tous ceux qui ont le fromage dans la peau d'en tenir au moins un et de se dire qu'ils peuvent en manger librement.

• Les préparations culinaires dans le **régime Dukan**
Outre sa consommation à la petite cuillère ou en tartinage, la cancoillotte ouvre une autre porte si souvent fermée aux « régimeurs », celle de la raclette ou de la fondue. En Franche-Comté, on l'intègre à des œufs au plat ou dans une omelette. Vous pouvez aussi garnir un assortiment de petits légumes cuits (tomate, carotte, chou-fleur, brocoli). Essayez aussi d'en laisser tomber une cuillère à soupe dans un bol de soupe au potiron. Vous pouvez la trouver vendue préparée et parfumée à l'ail, à l'ail rose, à l'ail et fines herbes et à l'échalote.

CROQUE-JAMBON DE DINDE AUX **GALETTES DE PANAIS**

Temps de préparation : 15 min
Temps de cuisson : 15 min
Pour 1 personne

Pour les galettes de panais

2 panais

1 oignon

1 œuf

1 cuillère à soupe
de Maïzena (toléré)

Sel, poivre

Pour la garniture

1 tranche de jambon
de dinde

2 cuillères à café
de cancoillotte (toléré)

Sel, poivre

Persillade

- Préchauffez le four à 210 °C (thermostat 7).

- Lavez et râpez les panais. Épluchez et émincez finement l'oignon.

- Mélangez panais, oignon et ajoutez l'œuf et la Maïzena. Mélangez bien, salez, poivrez.

- Composez deux galettes que vous mettrez au four sur du papier sulfurisé pendant 15 min.

- À mi-cuisson, retournez les galettes. Vérifiez bien la cuisson car elle diffère selon les fours. Les galettes doivent être dorées. Sortez-les du four une fois cuites.

- Disposez une galette en assiette, étalez 1 cuillère à café de cancoillotte, mettez par-dessus le jambon de dinde, étalez à nouveau 1 cuillère à café de cancoillotte puis terminez par la galette restante. Finissez par une touche de persillade.

L'ŒUF DE POULE

Aliment universel accepté et apprécié dans toutes les cultures. Aliment presque complet, facile à cuisiner et très rassasiant pour peu de calories. On peut également utiliser des œufs de caille qui sont aussi autorisés.

- Ses **caractéristiques nutritionnelles** générales

Sur le plan nutritionnel, un œuf apporte 80 calories dont 68 en provenance du jaune et 12 du blanc. 6,5 g de protéines, moitié jaune, moitié blanc. Aucun glucide, aucune fibre, aucune vitamine MAIS il apporte beaucoup de fer, de vitamine A et E, deux des meilleurs antioxydants, de la vitamine D et un grand choix de vitamines B.

- Son rôle dans le **régime Dukan**

Dans mon régime, c'est un aliment de base pour plusieurs raisons. L'œuf figure au podium des aliments les plus rassasiants du monde avec le thon en boîte au naturel, le foie de volaille et les crevettes. Compte tenu de son pouvoir bourratif, n'hésitez pas à vous caler avec un œuf dur une demi-heure avant un repas long d'une invitation à risque. Son seul facteur limitant est ses 270 mg de cholestérol mais cela ne concerne que ceux dont le taux est élevé. Dans le pire des cas, 4 œufs par semaine ne doivent inquiéter personne, surtout dans un régime sans autre matière grasse ajoutée.

- Les préparations culinaires dans le **régime Dukan**

La préparation de l'œuf est multiple. Soit bouilli à la coque ou dur, soit à la poêle sur le plat ou en omelette, soit au bain-marie pour l'œuf brouillé. Sachez que la traversée de l'estomac influant sur la satiété varie avec la cuisson. 2 œufs à la coque traversent l'estomac en 105 minutes, crus cela monte à 135 minutes, sur le plat, 151 minutes, et en œufs durs, 170 minutes. De plus, l'œuf entre dans la composition des flans, des soufflés, de la fameuse galette au son d'avoine et de toutes les salades composées comme la fameuse niçoise…

OEUF POCHÉ À LA MEXICAINE

Temps de préparation : 10 min
Temps de cuisson : 20 min
Pour 4 personnes

4 œufs
1 oignon blanc
1 poivron vert
1 gousse d'ail
2 tomates fraîches

1/2 cuillère à café
de poudre de chili
800 g de coulis
de tomates
Sel, poivre

- Épluchez et coupez l'oignon en fines rondelles.

- Lavez et coupez le poivron en petits dés en ayant pris soin d'ôter les graines. Faites revenir à feu doux l'oignon et le poivron pendant 10 min avec 4 cuillères à soupe d'eau. Ôtez la peau des tomates et coupez-les en dés.

- Ajoutez la poudre de chili, la gousse d'ail pilée, les tomates, le coulis de tomates et un verre d'eau. Portez à ébullition, réduisez le feu puis laissez frémir à couvert pendant 10 min. Salez et poivrez.

- Pendant ce temps, préparez les œufs pochés. Mettez une casserole d'eau à chauffer. Cassez chaque œuf dans une petite tasse. Lorsque l'eau bout, approchez une tasse de la surface et retournez-la d'un seul coup.

- Faites de même avec la seconde, du côté opposé de la casserole. Renouvelez l'opération.

- Au bout de 3 min, retirez les œufs à l'aide d'une écumoire et déposez-les sur la préparation de légumes.

LE **BULOT**

Coquillage très prisé dont la faveur croissante du public menace d'extinction l'espèce. Maigre, le bulot est extrêmement résistant sous la dent, très rassasiant, très peu calorique et facile à consommer. Et surtout, de par le soin à être extrait de sa coquille, le bulot entre dans la catégorie des « slow-foods » qui ralentissent mécaniquement la vitesse de consommation des grands voraces de table.

• Ses **caractéristiques nutritionnelles** générales
Sur le plan nutritionnel, que du bonheur ! Maigre (1 g de lipides pour 100 g), bourré de protéines (19,4 g pour 100 g), le tout pour 88 calories.

• Son rôle dans le **régime Dukan**
Dans mon régime, le bulot n'offre pratiquement que des avantages. Aliment sain, iodé, riche en protéines de mer, original, utilisable en accompagnement d'apéritif. Son seul inconvénient : son prix qui ne cesse de grimper. Profitez-en tant qu'il en est encore temps.

• Les préparations culinaires dans le **régime Dukan**
Le bulot ne se mange que cuit. Attention, plus il est gros, plus il est ferme. Il existe de nombreuses façons de le cuire. Dans un litre d'eau froide, avec 30 g de gros sel, un bouquet garni et du poivre. Laissez bouillir pendant 20 min et servir avec une mayonnaise ou un aïoli Dukan. On peut aussi le griller avec du curry.

BULOTS SAUTÉS À L'AIL DOUX ET PERSIL PLAT

Temps de préparation : 10 min
Temps de cuisson : 30 min
Pour 4 personnes

400 g de bulots par personne, soit 1,6 kg

10 cl de vinaigre de vin

1 oignon

1 carotte

4 gousses d'ail

1 tête d'ail

1 bouquet garni

4 feuilles de laurier

8 brins de persil plat

Gros sel de mer

Poivre en grains du moulin

- Dans une grande casserole, faites bouillir de l'eau. Salez-la et poivrez-la. Mettez dedans le vinaigre de vin, l'oignon, la carotte coupée en rondelles, le bouquet garni, la tête d'ail et les feuilles de laurier. Hachez le persil. Portez à ébullition.

- Quand l'eau bout, mettez les bulots à cuire pendant 30 min à feu moyen. Sortez-les en fin de cuisson et laissez-les refroidir.

- Découpez-les en morceaux, puis, dans une poêle antiadhésive, faites-les revenir avec les gousses d'ail et du persil dans un fond d'eau. Rectifiez l'assaisonnement si besoin avec du sel et du poivre.

- Dans une assiette, dressez les bulots les uns sur les autres en tas. Les servir aussitôt bien chaud.

LE **CALAMAR**

Aliment sain, maigrissime, ultra-protéiné, peu calorique, naturellement adapté au parcours minceur.

• Ses **caractéristiques nutritionnelles** générales

Sur le plan nutritionnel, le calamar est un aliment qui semble avoir été créé pour mon régime : 87 calories, 16 g de protides et 1,4 g de lipides pour 100 g. Mais un calamar frit perd autant son intérêt nutritionnel que gastronomique.

• Son rôle dans le **régime Dukan**

Dans mon régime, le calamar possède l'avantage d'être un bloc de protéines parmi les plus consistantes et fermes, demandant une forte mastication. De plus, c'est un aliment de très longue digestion qui prolonge durablement la satiété. Enfin, c'est un aliment qui est savoureux et fin, si on sait le cuire. Et, de surcroît, c'est un aliment qui se prête bien à la congélation et qui sort un peu de l'ordinaire, apportant de la fantaisie de mer.

• Les préparations culinaires dans le **régime Dukan**

Sa préparation donne lieu à des myriades de recettes, mais celle qui, de très loin, optimise toutes ses qualités est la cuisson à la plancha, avec 3 gouttes d'huile + Sopalin, sur un tapis d'oignons, de tomates et de lamelles de poisson. Il existe deux types de calamar : le grand, plus « riche » en corps qu'en tentacules, et le petit, le chipiron, un calamar nain qui passe très bien aussi à la plancha.

CALAMAR
À LA PROVENÇALE

Temps de préparation : 20 min
Temps de cuisson : 60 min
Pour 4 personnes

Pour la sauce tomate

1 grande boîte de tomates concassées

1 gousse d'ail

1 oignon

1 échalote

Un peu de persil

Thym

Laurier

Sel, poivre

Pour le calamar

1 calamar

1 jus de bouillon de poisson dégraissé

2 oignons

- Préparez une sauce tomate avec les tomates concassées, l'ail, l'oignon, l'échalote, le persil, du sel, du poivre, le thym et le laurier.

- Coupez le calamar en lamelles moyennes et faites-les cuire dans une poêle à revêtement antiadhésif sur le jus de bouillon de poisson dégraissé et un hachis d'oignon.

- Placez calamar et sauce tomate dans une cocotte et laissez cuire à feu doux pendant 60 min.

LA **COQUE**

Coquillage bombé contenant une petite noix blanche, charnue et un peu ferme, avec sa petite bosse orange de corail. La meilleure est la normande, plus pleine que la bretonne.

- **Ses caractéristiques nutritionnelles** générales
Sur le plan nutritionnel, les coques semblent avoir été conçues pour mon régime : du goût, de l'originalité, aussi peu caloriques que possible (47 calories pour 100 g), des protéines et un prix raisonnable.

- Son rôle dans le **régime Dukan**
Dans mon régime, c'est un petit appoint sympathique mais occasionnel. Lorsque l'on y pense, c'est un aliment de diversification intéressant, notamment quand le régime stagne, par son apport iodé. Très maigre, très protéiné, très peu calorique, il demande du temps pour être rincé, dessablé et pour cuire.

- Les préparations culinaires dans le **régime Dukan**
Leur préparation est simple. Les coques se cuisent dans un faitout en les faisant sauter pour les dorer sur toutes leurs faces et pour faire descendre le dernier sable caché. Une fois cuites, elles peuvent être décortiquées et se prêter à des préparations sophistiquées comme une cuisson à feu très doux dans une sauce au tamarin et à la coriandre qui transforme ce petit coquillage anodin en un mets de Lucullus.

COQUES AU CURRY

Temps de préparation : 30 min
Temps de cuisson : 15 min
Pour 6 personnes

2 litres de coques
1 botte de coriandre
2 échalotes
10 cl de vin blanc

20 cl de crème fraîche
liquide 3 %
1 cuillère à soupe de curry

- Grattez et lavez les coques. Faites-les cuire à feu vif dans une cocotte pendant 10 min dans le vin blanc et 10 cl d'eau. Remuez de temps en temps. Elles sont cuites lorsque les coquilles sont ouvertes.

- Décortiquez-les et réservez-les au chaud. Épluchez les échalotes. Coupez-les finement.

- Faites-les dorer dans une sauteuse antiadhésive avec 2 cuillères à soupe d'eau. Versez ensuite le curry, la moitié de la botte de coriandre ciselée, la crème fraîche allégée. Faites réduire à feu doux pendant 5 min. Ajoutez les coques.

- Mélangez délicatement, puis versez la préparation dans des verres. Saupoudrez de coriandre et servez aussitôt.

LA **COQUILLE SAINT-JACQUES**

Aliment de luxe, de prix et de haute saveur, à la fois maigre et riche en protéines et en iode.

• Ses **caractéristiques nutritionnelles** générales

Sur le plan nutritionnel, la coquille Saint-Jacques est un bloc de protéines de très bonnes valeurs biologiques et contient à peine 0,8 g de lipides pour 100 g (donc très maigre) et 2,4 g de glucides qui donnent à sa cuisson une touche caramélisée. La coquille Saint-Jacques est aussi très riche en vitamine B12, vitamine rare et centrée sur la chair animale.

• Son rôle dans le **régime Dukan**

Dans mon régime, c'est le type même de l'aliment apprécié de la majorité mais son prix le confine dans la catégorie des aliments d'exception. Si l'on accepte le surgelé, et si on prend le temps de le préparer avec soin, son prix réduit de moitié et le fait revenir dans le peloton d'aliments à consommer une à deux fois par semaine, pour apporter de la gaieté, de la variété et du plaisir. Sa consistance et la caramélisation de ses sucres en font un mets de gratification. Une astuce : faites décongeler vos noix dans du lait une pleine journée et elles seront aussi moelleuses que des fraîches.

• Les préparations culinaires dans le **régime Dukan**

Sa préparation classique est la poêle après le rituel des « 3 gouttes d'huile + Sopalin ». Attention à la cuisson qui peut faire perdre en une minute la magie de sa consistance. Pensez toujours « plutôt moins que plus » car la coquille peut même se consommer crue ou en tartare. Attention, si vous achetez du surgelé, vérifiez bien qu'il ne s'agit pas de pétoncles d'élevage, donc moins savoureux. L'espèce royale est la normande, possédant son Label rouge dont le rendement est de 1 kg décortiquées pour 6,5 kg de coquilles entières.

$\mathcal{C}$ASSOLETTE DE **SAINT-JACQUES**

Temps de préparation : 20 min
Temps de cuisson sur feu : 30 min
Cuisson au four : 20 min
Pour 6 personnes

400 g de noix de Saint-Jacques de petit calibre (décongelées)

250 g de petites crevettes roses (décongelées)

250 g de moules (décongelées)

10 cl de crème fraîche épaisse légère 3 %

10 cl de vin blanc sec

2 oignons moyens

2 échalotes moyennes

- Coupez les oignons et les échalotes en fines lamelles et faites-les brunir dans une poêle à revêtement antiadhésif avec 6 cuillères à soupe d'eau.

- Remuez de temps en temps. Déglacez le tout avec le vin blanc. Ajoutez la crème légère et laissez mijoter 5 min sur feu doux. Ajoutez alors les noix de Saint-Jacques, les crevettes et les moules.

- Mélangez bien le tout et laissez mijoter pendant 20 min. Préchauffez le four à 180 °C (thermostat 6) sans la grille.

- Disposez 6 ramequins sur la grille et versez-y la préparation.

- Enfournez pendant 20 min.

LE **CRABE**

Belle chair blanche festive de très grande délicatesse dont le seul inconvénient est le prix et la crainte de cholestérol – injustifiée si on évite le corail.

• Ses **caractéristiques nutritionnelles** générales

Sur le plan nutritionnel, on peut difficilement faire plus maigre (2 g de lipides pour 100 g), plus protéiné (20 g pour 100 g) et plus faible en calories (100 calories pour 100 g).

• Son rôle dans le **régime Dukan**

Dans mon régime, c'est un vrai plus car il est aussi original que riche en protéines d'excellente valeur biologique, pauvre en graisses et aussi savoureux, fin et gratifiant que la langouste, si l'on choisit du crabe Chatka qui est le meilleur au monde.

• Les préparations culinaires dans le **régime Dukan**

Sa préparation est simple. Le crabe s'allie électivement avec la mayonnaise Dukan, avec laquelle, ensemble, ils créent un grand, un très grand moment de table. À utiliser en cas de stagnation du poids ou de lassitude pour coupler plaisir et efficacité.

BOULETTES DE CRABE

Temps de préparation : 2 min
Temps de cuisson : 5 à 10 min
Pour 4 personnes

500 g de miettes de crabe

1 jaune d'œuf battu

3 cuillères à soupe de Maïzena

1/2 citron pressé

2 cuillères à soupe de cumin en poudre

2 cuillères à soupe de coriandre ciselée

1 cuillère à café de curcuma

2 cuillères à soupe de gingembre en poudre

- Préchauffez le four à 180 °C (thermostat 6).

- Mélangez tous les ingrédients sauf le jaune d'œuf.

- Laissez reposer ce mélange 1 heure. Roulez la préparation en boulettes.

- Badigeonnez les boulettes du jaune d'œuf battu et faites-les cuire 5 min dans un plat au four à 180 °C (thermostat 6).

LES **CREVETTES** & LES **GAMBAS**

Pièces maîtresses de tout dispositif d'amaigrissement et tout particulièrement dans un régime riche en protéines et libre sur les quantités, et plus encore lorsque l'on recherche de la diversité, du plaisir, de la consistance et de la couleur.

• Ses **caractéristiques nutritionnelles** générales

Sur le plan nutritionnel, c'est, à l'image de la plupart des crustacés, un repaire de protéines lié à une pauvreté en graisse et en calories. La crevette ne doit pas être interdite en cas de cholestérol, seule sa tête et son corail étant à éviter.

• Son rôle dans le **régime Dukan**

Dans mon régime, c'est un aliment de tout premier ordre qui s'est démocratisé depuis l'amélioration des techniques de pêche, l'élevage à grande échelle, la mondialisation des échanges et l'arrivage d'espèces vivant dans d'autres mers et océans (les crevettes nordiques, les gambas, les bouquets, les crevettes roses du Sénégal…). La crevette est l'un des aliments les plus rassasiants du monde avec l'œuf, le thon au naturel, le foie de volaille, etc. De plus, c'est un « slow-food » long à décortiquer. Enfin, c'est un aliment à consistance extrêmement ferme et long à digérer mais d'une saveur et d'une texture de chair extrêmement rares.

• Les préparations culinaires dans le **régime Dukan**

Sa préparation se prête à toutes les modes et les cultures. Vous la trouvez décortiquée ou en surgelé. Évitez les petites à la fois décortiquées et surgelées qui rendent beaucoup d'eau laissant une chair caoutchouteuse et délavée. Les préparations classiques sont « sautées à l'ail » ou accompagnées de mayonnaise sans huile, mais elles interviennent aussi dans toutes les salades composées, ou en brochettes, en omelette… Un peu plus sophistiqué : dans des fonds d'artichauts ou du genre créole ou thaï en curry au lait de coco. Les crevettes grises sont délicieuses servies tièdes saupoudrées de gros sel.

GAMBAS SAUTÉES AU GINGEMBRE

Temps de préparation : 5 min
Temps de cuisson : 15 min
Pour 2 personnes

8 grosses gambas
4 petits oignons
1 tête de gingembre émincée

1 bouillon cube de fumet de poisson dégraissé
Sel, poivre

- Épluchez les oignons et émincez-les.

- Faites de même pour le gingembre que vous émincez en tranches très fines à l'aide d'un couteau économe.

- Faites chauffer une poêle antiadhésive en rajoutant 2 cuillères à soupe d'eau.

- Une fois bien chaude, rajoutez l'oignon émincé et le gingembre. Puis une fois un petit tapis d'oignons-gingembre créé, ajoutez les grosses gambas.

- Arrosez d'un fumet de poisson dégraissé. Faites cuire 15 min environ.

- Salez et poivrez.

LE **HOMARD**

Aliment de luxe et de fête qui n'a de place dans un régime amaigrissant qu'occasionnellement, pour lutter contre la stagnation ou pour se récompenser.

• Ses **caractéristiques nutritionnelles** générales

Sur le plan nutritionnel, le homard est maigre (1 g de lipide pour 100 g), riche en protéines (20 g pour 100 g) et peu calorique (91 calories) mais tout ceci pèse-t-il face à un coût de 66 euros le kg, et donc de 300 g de chair ? Si oui, alors c'est un des aliments les plus riches en vitamine B12. Notez qu'on peut le trouver en hypermarchés en surgelé à des prix plus intéressants.

• Son rôle dans le **régime Dukan**

Dans mon régime, ce serait un aliment de rêve, tant sa composition nutritionnelle est maigre, riche en protéines et pauvre en calories, mais négliger son prix serait faire insulte à tous ceux qui n'ont pas les moyens de se le payer. Dans les grandes occasions, savoir que le homard s'achète vivant ou surgelé (mais cette surgélation doit avoir été faite sur l'animal vivant), que sa chair ne représente que 30 % du poids total, que la femelle est plus pleine que le mâle et que sa chair est réputée meilleure que celle du mâle.

• Les préparations culinaires dans le **régime Dukan**

La préparation classique du homard est poché. Accompagnez d'une mayonnaise Dukan. Il peut aussi être cuit au four ouvert en deux en le passant rapidement au gril, ou braisé « à l'américaine » en utilisant son corail pour la sauce d'accompagnement. Attention, trop de cuisson lui fait perdre son moelleux et le rend filandreux.

$\mathcal{M}$ÉDAILLONS
DE **HOMARD** EN GELÉE

Temps de préparation : 20 min
Temps de cuisson : 30 min
Réfrigération : 2 heures au minimum
Pour 6 personnes

1 homard surgelé cuit
3 tranches de saumon fumé
3 œufs entiers

1 sachet de gelée
au madère (24 g)
1 botte d'asperges blanches
Quelques feuilles de persil plat

- Faites cuire les œufs et coupez-les en deux.

- Réalisez la gelée au madère selon la recette indiquée sur le sachet.

- Faites cuire les asperges. Laissez-les refroidir et mettez-les sur un linge pour évacuer toute l'eau.

- Dans un petit plat, répartissez le homard détaillé en médaillons, recouvrez avec les œufs. Versez la gelée et mettez au frais au moins 2 heures.

- Au moment de servir, démoulez l'aspic au milieu du plat, placez les asperges et les tranches de saumon fumé coupées en deux.

- Parsemez de persil haché pour mettre un peu de couleur.

L'HUÎTRE

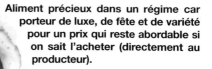

Aliment précieux dans un régime car porteur de luxe, de fête et de variété pour un prix qui reste abordable si on sait l'acheter (directement au producteur).

• Ses **caractéristiques nutritionnelles** générales

Sur le plan nutritionnel, l'huître est maigre quelle que soit la variété. Elle fournit de 2 à 5 g de glucides et seulement 65 calories pour 100 g. Mais c'est un trésor de fer (trois fois plus que la viande rouge), un étalage de vitamines et d'oligo-éléments rares : cuivre, sélénium et zinc. Mais l'huître, qui passe sa vie à filtrer la mer, y prend aussi certains de ses polluants, notamment le virus de l'hépatite.

• Son rôle dans le **régime Dukan**

Dans mon régime, c'est une aide extrêmement précieuse car c'est un aliment maigre, bien protéiné, peu calorique et de fantaisie. De plus, les huîtres se dégustent, prennent du temps à être mangées et sont extrêmement rassasiantes. Enfin, c'est une famille d'aliments suffisamment variés. Les plates ont un rapport consistance-goût exceptionnel. Une douzaine de belons de Bretagne revient à 20 euros mais apporte un goût de terroir âcre et suave et une chair nacrée qui les valent bien. Les creuses, les marennes au goût de noisette, ou les bretonnes, très iodées, sont plus accessibles et ont tout autant d'amateurs.

• Les préparations culinaires dans le **régime Dukan**

L'huître se consomme traditionnellement crue avec un filet de citron mais elle peut aussi se cuisiner chaude. C'est le moment d'utiliser la galette au son d'avoine ! Attention, ne posez jamais une huître sur de la glace, elle perdrait de son arôme.

GRATIN D'**HUÎTRES**

**Temps de préparation : 15 min
Temps de cuisson : 30 min
Pour 4 personnes**

3 douzaines d'huîtres

1 oignon piqué de 2 clous de girofle

1 carotte

10 cl de vin blanc

10 cl d'eau

1 bouquet garni

Béchamel Dukan : 100 ml de lait écrémé + 2 cuillères à café de Maïzena (voir p. 223)

Un peu d'emmental râpé allégé (facultatif)

Sel, poivre

- Préparez le bouillon : mettez dans une casserole les huîtres, l'oignon, la carotte en rondelles, le bouquet garni, l'eau, le vin blanc et laissez cuire pendant 20 min.

- Pendant ce temps, préparez la sauce béchamel. Dans une casserole, mettez la Maïzena et incorporez doucement le lait.

- Laissez cuire quelques minutes à feu doux tout en remuant pour épaissir puis assaisonnez avec du sel et du poivre.

- Ouvrez les huîtres. Posez-les dans un plat allant au four, répartissez la sauce chaude sur chacune d'elles et parsemez de fromage râpé.

- Faites gratiner au four pendant 2 min. Servez aussitôt.

LA **LANGOUSTE**

Comme le homard, c'est un aliment de luxe et de fête qui n'a sa place dans un régime amaigrissant que pour ouvrir l'horizon en cas de lassitude, de stagnation, ou de besoin de plaisir et de récompense.

• Ses **caractéristiques nutritionnelles** générales
Sur le plan nutritionnel, la langouste est maigre (1,5 g de lipides pour 100 g), riche en protéines (18 g pour 100 g) et très peu calorique (90 calories pour 100 g), mais hélas, sans grande valeur face à son prix aux alentours de 132 euros le kilo.

• Son rôle dans le **régime Dukan**
Dans mon régime, ce serait l'aliment idéal car il a toutes les qualités requises conjuguées. Maigre, bourré de protéines de grande qualité, peu calorique, délicieux et de texture dense et hyper rassasiante. Mais l'inclure dans les aliments à volonté serait faire insulte à tous ceux qui n'ont pas les moyens de se l'offrir. Occasionnellement, la langouste s'achète vivante ou doit avoir été préparée, ou encore surgelée, à partir d'un animal vivant. Il faut habituellement une langouste de 800 g pour deux. Elle se vend en surgelé mais y perd en qualité gustative.

• Les préparations culinaires dans le **régime Dukan**
La préparation classique de la langouste est le court-bouillon, pas plus de 10 minutes pour éviter la consistance caoutchouteuse. Puis consommer froide avec une mayonnaise (mais sans huile pour mon régime, voir la mayonnaise Dukan p.222). On peut aussi la préparer grillée arrosée d'une sauce à base de ciboulette, échalote, origan, ail, persil, piment, jus de citron.

CREVETTES ET QUEUES DE **LANGOUSTE** AU WOK

Temps de préparation : 15 min
Temps de cuisson : 10 min
Pour 2 personnes

20 crevettes roses
1 petit fenouil
1 poivron rouge
20 queues de langouste

1 yaourt blanc 0 %
1 pointe de piment de Cayenne
Sel, poivre

- Huilez légèrement le wok, essuyez au papier essuie-tout et faites-y revenir les crevettes.
- Coupez le fenouil et le poivron et ajoutez-les aux crevettes. Faites revenir quelques minutes.
- Ajoutez les queues de langouste et laissez mijoter.
- Ajoutez le yaourt, le piment de Cayenne, salez légèrement et poivrez.
- Servez dans des ramequins.

LA **LANGOUSTINE**

Aliment de diversion, coloré, festif, un peu luxueux et aux antipodes de l'image traditionnelle du régime. Aliment tout de même coûteux et qui doit être tenu en réserve pour les moments de grisaille et de lassitude du régime.

• Ses **caractéristiques nutritionnelles** générales

Sur le plan nutritionnel, les langoustines n'ont que des avantages. En plus de leur saveur et leur satiété, elles sont maigres (1 g de lipides pour 100 g), riches en bonnes protéines (17 g pour 100 g) et n'apportent que 91 calories pour 100 g.

• Son rôle dans le **régime Dukan**

Dans mon régime, si vous les aimez et si vos moyens vous le permettent, n'hésitez pas : c'est un aliment à la fois délicieux et fin, pauvre en calories et maigre, et surtout, je le classe dans ma famille des « slow-foods », lents à décortiquer, obligeant à prendre le temps de les savourer. Enfin, c'est un aliment de rassasiement et de bonne consistance, long à digérer donc de satiété durable.

• Les préparations culinaires dans le **régime Dukan**

La préparation des langoustines est ultra-classique : à cuire au court-bouillon qu'il faut relever avec un peu de vin blanc, carottes, oignon, bouquet garni. Attention, trop de cuisson éteint les saveurs : 3 minutes pour les petites, 7 pour les grosses. À ce propos, le prix des grosses langoustines est beaucoup plus élevé que celui des petites mais au niveau du goût, les petites sont les meilleures. On peut aussi les décortiquer et les ajouter pour colorer et protéiner une salade de mâche.

GRATIN DE **LANGOUSTINES**

Temps de préparation : 15 min
Temps de cuisson : 20 min
Pour 2 personnes

12 langoustines

2 échalotes

4 tomates

1 bouquet garni

10 cl de vin blanc sec

Arôme cognac

2 cuillères à soupe de crème fraîche 3 %

Sel, poivre

- Faites cuire 5 min au court-bouillon les langoustines.

- Décortiquez-les, répartissez-les dans 2 plats à gratin individuels.

- Faites fondre les échalotes hachées menu dans un fond d'eau, ajoutez les tomates pelées, épépinées et concassées, le bouquet garni, du sel et du poivre.

- Mouillez avec le vin blanc sec, 10 cl d'eau auxquels vous aurez ajouté 20 gouttes d'arôme cognac. Laissez mijoter 10 min.

- Ajoutez la crème fraîche allégée, versez cette sauce sur les langoustines et faites cuire au four pendant 10 min à 150 °C (thermostat 5).

- Servez dans de petits plats.

LA **MOULE**

Aliment extrêmement intéressant à tous points de vue, tant nutritionnel que gastronomique et de prix très bas pour des protéines de mer. Son seul défaut : filtre de mer perpétuel, il ramasse et fixe tout ce qui l'environne, donc il nécessite une grande rigueur à l'achat et à la conservation.

• Ses **caractéristiques nutritionnelles** générales

Sur le plan nutritionnel, tout est dit : c'est parfait. Voyez vous-même : 66 calories, 12 g de protéines et 2 g de lipides pour 100 g. Aussi attractif que son prix.

• Son rôle dans le **régime Dukan**

Dans mon régime, les moules sont un aliment de rêve, bourrées de protéines et plus encore de fer qui y est encore plus concentré que dans la viande (d'autant qu'une femme sur deux est en déficit de fer). Les moules sont maigres et très peu caloriques. En outre, elles entrent dans ma catégorie des « slow-foods », leur coquille ralentissant leur consommation, frein intéressant pour les voraces qui avalent tout rond sans laisser au cerveau le temps de produire la satiété. Essayez d'en consommer aussi souvent que possible en variant les préparations.

• Les préparations culinaires dans le **régime Dukan**

Les moules sont traditionnellement cuisinées à la marinière avec du vin blanc dont l'alcool s'évapore à la cuisson, des oignons à foison, de l'ail qui fond en bouche après cuisson en perdant son odeur. Décortiquées et en salade, elles sont précieuses en semaine pour emporter à midi. Vous pouvez aussi les cuisiner à la normande avec du Bridelight. Enfin, vous pouvez aussi, après les avoir décortiquées, les faire sauter dans une poêle avant de les introduire dans une omelette. Essayez !

MOULES NORMANDES À LA CRÈME

Temps de préparation : 5 min
Temps de cuisson : 10 à 20 min
Pour 2 personnes

1 kg de moules de bouchot déjà nettoyées

2 échalotes

4 blancs de poireaux déjà cuits

2 cuillères à soupe de vinaigre de cidre

1 carotte déjà cuite

2 cuillères à soupe de crème allégée 3 %

- Mettez les moules dans une cocotte.

- Recouvrez à moitié les moules d'eau et versez le vinaigre de cidre. Ajoutez les blancs de poireaux coupés en petits tronçons, la carotte en fines rondelles ainsi que les échalotes émincées.

- Remuez de temps en temps jusqu'à ce que les moules soient ouvertes.

- Ajoutez à ce moment la crème allégée et mélangez bien.

L'OURSIN

Aliment impérial quand on l'aime et que l'on a vécu au bord de la mer. Aliment de curiosité, d'extrême diversification, coûteux l'hiver et prétexte à bouger, à nager et à barboter l'été.

• Ses **caractéristiques nutritionnelles** générales

Sur le plan nutritionnel, c'est un aliment peu calorique (128 calories pour 100 g), maigre (2,8 g de lipides pour 100 g) et apportant 12,5 g de glucides. Mais les quantités utiles sont si faibles que ces valeurs laissent la place à la couleur, la saveur et la fantaisie.

• Son rôle dans le **régime Dukan**

Dans mon régime, c'est un élément anecdotique et occasionnel mais d'un grand intérêt pour ceux qui se considèrent comme des « oursineurs », qui en ont récolté avec leurs parents. Pour ceux-là, l'oursin devient une pépite d'affection toujours bienvenue dans un régime. Ne pas oublier que, qui dit régime aujourd'hui, dans le contexte consumériste et de haut niveau de stress et d'insatisfaction, pense famine. Donc, tout ce qui s'oppose à la morosité, à la monotonie, à la sensation de privation liés au régime est de nature à les atténuer. L'oursin, nourriture exceptionnelle, rare, précieuse et colorée, peut être classé dans cette famille d'aliments joyeux et vivifiants. Donc, si vous les aimez, faites-vous plaisir avec quelques petits oursins bretons (violets) à la saveur si fine, si iodée, au petit goût d'orange.

• Les préparations culinaires dans le **régime Dukan**

Il n'y a qu'une seule et grande façon de consommer l'oursin : assis, les pieds dans l'eau, à l'endroit de la pêche. Sinon, c'est l'oursin de la poissonnerie, et là encore, c'est ouvert aux ciseaux, cru et arrosé de citron et en conservant précieusement l'eau de mer à l'intérieur. Pour les gastronomes, il existe bien des recettes mais toutes apportent de la crème fraîche et perdent leur intérêt dans un régime.

OURSINS
EN ŒUFS BROUILLÉS

**Temps de préparation : 20 min
Temps de cuisson : 20 min
Pour 4 personnes**

8 oursins

8 œufs frais

50 g de fromage blanc 0 %

Sel, poivre

Muscade en poudre

- Ouvrez les oursins et récupérez les langues. Lavez les coques, séchez-les bien et réservez.

- Battez les œufs en omelette à l'aide d'une fourchette. Assaisonnez légèrement.

- Dans une sauteuse, mettez les œufs au bain-marie et fouettez-les jusqu'à consistance voulue. Lorsque les œufs sont suffisamment brouillés, ajoutez les langues d'oursins.

- Fouettez puis, hors du feu, ajoutez le fromage blanc. Continuez à fouetter puis rectifiez l'assaisonnement si besoin, ajoutez une pointe de muscade en poudre.

- Remplissez les coques avec les œufs brouillés.

LE **POULPE**

Le poulpe est le mollusque du pauvre, tentaculaire, visqueux, peu goûteux, difficile à cuisiner, peu coûteux et peu familier à la culture française, mais qui a beaucoup d'avantages qu'il faut apprendre à cultiver.

- **Ses caractéristiques nutritionnelles** générales

Sur le plan nutritionnel, le poulpe est très maigre (0,9 g de lipides pour 100 g), très peu calorique (72 calories pour 100 g), et bien protéiné (10,5 g pour 100 g). Son petit secret : ses 2 g de glucides qui permettent de caraméliser en surface à la cuisson.

- **Son rôle dans le régime Dukan**

Dans mon régime, il présente l'avantage d'être ultra-maigre, mais à bonne teneur en protéines. Mais c'est sa consistance ferme qui impose une mastication prolongée et une grande lenteur de digestion qui regroupe ses meilleurs atouts. C'est donc un aliment hyper rassasiant et de très longue satiété : mon meilleur coupe-faim de mer.

- **Les préparations culinaires dans le régime Dukan**

La préparation du poulpe se heurte à son principal défaut : sa teneur en tissu conjonctif qui se rétracte à la cuisson et transforme ses tentacules en lanières de caoutchouc sur lesquelles les dents n'ont pas de prise. Pour attendrir un poulpe, il faut le battre avec un rouleau à pâtisserie pour casser ses fibres, puis il faut le congeler pour renforcer « l'attaque » de ses fibres, et enfin, le faire cuire suffisamment longtemps pour détruire toute résistance. La préparation traditionnelle est la cuisson à la casserole au moins 45 minutes. Puis découpez tête et tentacules en morceaux et servez-le en salade. Sinon, toutes les préparations espagnoles baignent dans l'huile. Les Portugais l'utilisent après attendrissement complet coupé en tranches ultrafines, comme des chips, qu'ils éparpillent et cuisent à la plancha. Pour éviter le bain d'huile d'olive, essayez le nid d'oignons sur 3 gouttes d'huile + Sopalin.

POULPE
À LA VINAIGRETTE

Temps de préparation : 15 min
Temps de cuisson : 5 min
Pour 4 personnes

1 poulpe

1 bouquet garni
(laurier, thym, romarin)

1 oignon blanc

1 gousse d'ail

1 bouquet de persil

Vinaigrette Dukan (voir p. 223)

- Faites cuire le poulpe au court-bouillon avec le bouquet garni, à feu doux, 5 à 10 min maximum. Le poulpe doit blanchir et gonfler.

- Égouttez, laissez refroidir puis coupez en petits morceaux. Ajoutez le persil, l'oignon et l'ail hachés finement.

- Préparez une vinaigrette Dukan, versez-la sur le poulpe et laissez mariner au moins 4 heures au réfrigérateur.

LA **SEICHE**

Aliment sain, peu pollué, ultra-maigre, ultra-protéiné, peu calorique mais d'une telle fermeté qu'il faut savoir la contourner pour en faire un excellent aliment de la minceur. La seiche se différencie du calamar par la présence de son os blanc interne que l'on réserve aux oiseaux en cage et aux tortues.

• Ses **caractéristiques nutritionnelles** générales

Sur le plan nutritionnel, c'est un aliment parfait pour un régime. Maigre à souhait (1,5 g pour 100 g), très peu calorique (78 calories pour 100 g), et très bien pourvu en protéines de mer. Ses 2,4 g de glucides permettent de le caraméliser en surface.

• Son rôle dans le **régime Dukan**

Dans mon régime, la seiche est d'abord un aliment presque exclusivement protéiné. De plus, il possède une très haute consistance due à sa forte teneur en fibres conjonctives. Cela impose une mastication longue. C'est encore un aliment qui se digère très lentement, ce qui prolonge la satiété. Enfin, c'est un aliment qui, bien cuisiné et suffisamment attendri, se révèle original et savoureux. Et il se prête très bien à la congélation. Mieux, le congélateur, comme son martèlement, sont les deux meilleurs moyens, avec le temps de cuisson, d'attendrir sa chair.

• Les préparations culinaires dans le **régime Dukan**

Sa préparation, comme celle du calamar, donne lieu à d'innombrables recettes. La meilleure lors du régime est la célèbre « plancha » qui renforce toutes les qualités de l'aliment. Sur la plancha, préparez un nid d'oignons finement hachés et 3 gouttes d'huile + Sopalin et posez la seiche entière sans couper ses tentacules. Cuire à feu doux et longtemps. Le résultat est toujours fin et savoureux.

SEICHE
AU CACAO DÉGRAISSÉ

Temps de préparation : 15 min
Temps de cuisson : 35 min
Pour 2 personnes

2 blancs de seiche

2 oignons

2 carottes

2 gousses d'ail écrasées

1/4 de l de vin rouge

1 petit verre de vinaigre balsamique

1 cuillère à café d'édulcorant liquide ou en poudre

2 cuillères à café de fond de volaille dégraissé

1 verre d'eau

3 cuillères à café de cacao dégraissé

Sel, poivre

- Faites cuire la seiche à la vapeur pendant 10 min environ puis découpez-la en carrés. Hachez les oignons et les carottes.

- Mettez dans une casserole le vin et le vinaigre jusqu'à ébullition (l'alcool va s'évaporer).

- Ajoutez les hachis d'oignons, d'ail et de carottes ainsi quel'édulcorant, le fond de volaille et l'eau.

- Mettez à cuire jusqu'à ébullition pendant 15 min. Rajoutez le cacao dégraissé et mélangez.

- Ajoutez ensuite les carrés de seiche. Salez, poivrez et laissez mijoter encore quelques minutes pour faire réduire encore la sauce si nécessaire.

- Servez chaud.

LE **TOURTEAU**

Aliment très proche du crabe, vecteur de plaisir, de fête et de détente. Sa chair blanche et fine doit se mériter, tant par son prix que par le patient travail de décortication.

• Ses **caractéristiques nutritionnelles** générales

Sur le plan nutritionnel, c'est l'un des aliments de mer les plus intéressants par sa richesse en protéines (20 g pour 100 g), et sa teneur extrêmement basse en graisses (1 g pour 100 g). De plus, il est riche en iode, ce qui est toujours intéressant en période de régime.

• Son rôle dans le **régime Dukan**

Dans mon régime, c'est un aliment fort pour qui peut se l'offrir et prendre le temps de s'atteler à la tâche de le décortiquer. Le tourteau est de loin l'aliment le plus long à préparer, le chef de file des « slow-foods » qui obligent les « avaleurs tout rond » à prendre leur temps, ce qui laisse au cerveau le délai suffisant pour recevoir le signal de satiété.

• Les préparations culinaires dans le **régime Dukan**

La préparation est un classique du genre : rien ne remplace la mayonnaise. Utilisez la mienne, sans adjonction d'huile.

TOURTEAU
À LA MAYONNAISE DUKAN

Temps de préparation : 25 min
Temps de cuisson : 20 min
Pour 2 personnes

1 gros tourteau vivant

2 œufs durs

Mayonnaise Dukan
(voir p. 222)

- Lavez soigneusement le tourteau à plusieurs eaux. Plongez le tourteau dans l'eau en ébullition et laissez-le cuire 20 min.

- Laissez-le refroidir dans l'eau. Ouvrez-le par la partie ventrale et videz-le de toute sa chair et des parties crémeuses.

- Hachez-les grossièrement. Mêlez-les à la mayonnaise Dukan.

- Remplissez le tourteau avec cette préparation.

- Présentez-le avec les œufs durs.

L'ARTICHAUT

Légume cultivé dont on ne consomme que la partie charnue de la fleur. C'est l'un des meilleurs aliments de la minceur car il est modérément calorique, et, long à effeuiller pour sa dégustation, il entre dans la catégorie de mes aliments « slow-foods ». Il pourrait être l'un des meilleurs aliments de la minceur s'il ne détenait pas 40 calories aux 100 g... mais ce léger inconvénient s'effondre face à la densité du rassasiement qu'il procure, à sa consistance à la fois moelleuse et dense.

• Ses **caractéristiques nutritionnelles** générales

Modérément calorique : 80 calories pour un bel artichaut de 200 g. Riche en potassium et phosphore, ce qui en fait un aliment de drainage légèrement diurétique. L'artichaut est également cholérétique et « nettoyeur » puissant du foie. À ce titre, il facilite grandement l'amincissement, surtout chez la femme qui fait de la rétention d'eau et chez les gros obèses au foie fatigué. Bien pourvu également en fer, magnésium et vitamines tonifiantes et défatigantes (C, B1, B12).

• Son rôle dans le **régime Dukan**

Intéressant quand on le consomme feuille à feuille car il permet de prendre son temps et favorise la venue de la satiété. L'artichaut est aussi l'un des légumes frais les plus riches en protéines qui augmentent sa densité nutritionnelle et son pouvoir rassasiant.

• Les préparations culinaires dans le **régime Dukan**

Se consomme chaud ou froid après cuisson dans l'eau ou à la vapeur (ne pas conserver car il s'oxyde), en trempant le bout de ses feuilles dans une vinaigrette Dukan ou simplement du vinaigre balsamique. Arrivé à nudité, il reste encore le foin à éliminer pour mettre à nu un cœur chaud, tendre, d'une consistance exceptionnelle et d'une saveur douce liée à la présence d'inuline, un sucre ultra-lent. Peut également se consommer cru en coupant le cœur en petites lamelles, à faire macérer dans un jus de citron avec du sel (choisissez dans ce cas les violets de Provence, les bretons étant trop difficiles à couper sans cuisson). On trouve également des cœurs surgelés, pratiques pour accompagner des plats ou pour farcir de viandes blanches ou d'une macédoine de légumes recouverte d'une belle tranche de saumon fumé. Attention à bien le cuire pour éviter les flatulences.

ARTICHAUTS
FARCIS AUX CREVETTES

Temps de préparation : 10 min
Temps de cuisson : 5 min
Pour 2 personnes

Le jus de 2 beaux citrons

2 poignées de petites crevettes décortiquées

4 beaux fonds d'artichaut

2 belles cuillères à soupe de yaourt maigre

2 cuillères à café de moutarde

2 cuillères à soupe de vinaigre balsamique

Fines herbes

Sel, poivre

- Faites mariner les crevettes dans le jus de citron salé et poivré.

- Préparez les fonds d'artichaut. Hachez les 2 premiers avec les crevettes et incorporez une sauce préparée avec le yaourt maigre, la moutarde, le vinaigre balsamique et les fines herbes.

- Remplissez les fonds des 2 autres artichauts de cette préparation et servez froid.

L'ASPERGE

Légume minceur de moyen intérêt car très peu rassasiant. Associé aux tables luxueuses et raffinées, il est coûteux et n'est pas apprécié par tous. Ne se consomme que cuit ou en conserve.

• Ses **caractéristiques nutritionnelles** générales

Peu calorique : 24 calories aux 100 g. Diurétique, l'asperge s'élimine très vite avec une odeur forte, déplaisante, qui rebute les plus raffinées, et peut même irriter les voies urinaires sensibles.

• Son rôle dans le **régime Dukan**

Les asperges vertes sont intéressantes en primeur car elles sont relativement rares et sédui-sent par leur petit air de fête. Les asperges blanches sont plus précieuses, de consistance plus dense, moins filandreuses, mais très coûteuses, surtout en boîtes. Elles sont cependant copieuses et très utiles dans un régime qui manque de variété.

• Les préparations culinaires dans le **régime Dukan**

Servies tièdes, elles appellent une sauce hollandaise qui est extrêmement calorique et qu'il faut remplacer par une mayonnaise Dukan. Froides, elles se suffisent d'une vinaigrette à la coriandre qui double et corse leur saveur, ou d'une sauce moutarde bien épaisse et la moins forte possible (moutarde de Meaux à l'ancienne). Les têtes ou pointes peuvent être utilisées dans des omelettes ou dans des œufs brouillés. On peut aussi la mélanger à des salades composées. Les asperges vertes existent en surgelé chez Picard.

TERRINE D'ASPERGES

Temps de préparation : 3 min
Temps de cuisson : 40 min
Pour 4 personnes

500 g d'asperges blanches

150 g de fromage blanc maigre

100 g de crème fraîche épaisse 3 %

8 œufs

1 cuillère à café de baies de roses

Sel, poivre

- Épluchez, lavez et faites cuire les asperges à l'eau bouillante salée.

- Pressez les asperges et mixez-les. Mettez-les dans un saladier.

- Incorporez avec le fromage blanc, les œufs, la crème, le sel, le poivre et les asperges mixées. Mélangez bien au fouet..

- Huilez à l'aide d'un papier absorbant un moule à terrine.

- Versez la préparation dans le moule et mettez au four 40 min au bain-marie à 180°C (thermostat 6). À la sortie du four, saupoudrez avec 1 cuillère à café de baies de roses.

L'AUBERGINE

Légume-fruit de la zone méditerranéenne, disponible toute l'année. Un des légumes les moins caloriques, au même niveau que la laitue et les haricots verts. Ne se mange que cuite et se prête à de multiples préparations trop souvent huileuses. Danger majeur : de par sa texture, l'aubergine peut se gorger d'huile, camoufle l'huile de cuisson environnante quand elle est préparée sans précaution. Donc éviter de la consommer en dehors de chez soi.

• Ses **caractéristiques nutritionnelles** générales
Peu calorique (22 calories pour 100 g) ; 4,5 g de glucides pour 91,2 g d'eau.

• Son rôle dans le **régime Dukan**
Son rôle majeur tient à sa richesse en pectine. C'est, avec la courgette et le potiron, l'un des trois légumes qui en contient le plus. La pectine peut prendre jusqu'à trente fois son poids en eau, ce qui en fait un très bon coupe-faim par occupation gastrique. Encore mieux, la pectine a le pouvoir de gélifier dans le tube digestif et d'emprisonner dans les mailles de son gel en réseau tout ce qui l'entoure (nutriments et calories). La pectine n'étant pas assimilée, elle quitte l'organisme avec les selles, emportant avec elle son petit butin calorique.
Aliment qui s'imprègne des saveurs environnantes (viande, poisson…) et des arômes de cuisson.

• Les préparations culinaires dans le **régime Dukan**
Préparation en caviar, au four, grillée en tranches, à la plancha, en ratatouille et en légume farci…

AUBERGINES FARCIES

Temps de préparation : 15 min
Temps de cuisson : 30 min
Pour 6 personnes

4 aubergines

250 g de steak haché

250 g de jambon découenné dégraissé

2 gousses d'ail

150 g de champignons

1 oignon

2 cuillères à soupe de concentré de tomates

Levure alimentaire

Sel, poivre

- Évidez les aubergines.

- Composez la farce avec le steak haché et le jambon dégraissé, les gousses d'ail hachées, les champignons, l'oignon haché fin.

- Liez le tout avec le concentré de tomates.

- Salez, poivrez et répartissez la farce dans les aubergines.

- Saupoudrez de levure alimentaire et mettez au four 30 min.

LA **BETTERAVE**

Aliment de peu de valeur nutritionnelle et qui n'est pas aimé de tous. Alors pourquoi la placer dans mes 100 aliments ? Regardez son rôle dans mon régime et vous comprendrez.

● Ses **caractéristiques nutritionnelles** générales

Sur le plan nutritionnel, c'est un légume à peine plus calorique que les autres (40 calories et 8 g de glucides pour 100 g). Très pauvre en vitamines mais riche en acide oxalique et donc à éviter en cas d'antécédents de calculs urinaires oxaliques.

● Son rôle dans le **régime Dukan**

Dans mon régime, la betterave ne présente qu'un seul intérêt mais de taille : c'est, de tous mes aliments, le seul qui ait le goût franc du sucré. Suffisamment pour intéresser tous ceux qui le recherchent au naturel, sous une autre forme que l'édulcorant, mais pas assez pour gêner l'efficacité du régime car il ne contient que 8 g de glucides aux 100 g et des glucides lents. Il existe d'autres légumes à légère saveur douce comme la carotte, le potiron, le céleri-rave… mais aucun ne rivalise avec la saveur franchement sucrée de la betterave.

● Les préparations culinaires dans le **régime Dukan**

La betterave se consomme cuite (on l'achète souvent déjà cuite) puis introduite dans des hors-d'œuvre ou des salades multicolores.

BETTERAVE MIMOSA

**Temps de préparation : 5 min
Pour 2 personnes**

1 betterave
2 œufs

Sel
Poivre

- Faites cuire vos œufs pendant 10 minutes pour obtenir des œufs durs.

- Épluchez une betterave puis coupez-la en tranches dans un plat.

- Une fois vos œufs cuits, extrayer les jaunes.

- Râpez-les sur les tranches de betteraves. Ajoutez la vinaigrette Dukan.

- Salez et poivrez.

LE **BROCOLI**

Excellent aliment minceur. Très rassasiant et de saveur originale. Croquant, même cuit, sa consistance est un mélange de fermeté et de croquant, de tiges et de texture grenue des têtes vertes. Le brocoli, relativement récent sur nos marchés, a très vite conquis une très bonne position, particulièrement poussé par la cuisine italienne et asiatique.

• Ses **caractéristiques nutritionnelles** générales
Peu calorique : 25 calories pour 100 g. Sur le plan nutritionnel, de nombreuses études en font l'aliment mondial de référence de la prévention du cancer. C'est, avec la tomate, le légume le plus protecteur de l'homme, y compris au niveau de son surpoids. Riche, très riche en vitamine C et en potassium, en acide folique, en vitamine A, en magnésium et en fer. Une véritable pharmacie et panacée végétale !

• Son rôle dans le **régime Dukan**
À la fois de très bon goût, rassasiant et excellent pour la santé, n'hésitez pas à en consommer régulièrement.

• Les préparations culinaires dans le **régime Dukan**
En France, le brocoli se consomme rarement cru, sauf dans des plateaux de légumes de cocktail ou d'apéritif avec chou-fleur et tomates cerises. Essayez-le en salade, tranché très fin. Cuit, il faut veiller à lui conserver sa fermeté et un léger croquant. Inspirez-vous des cuisines chinoise, vietnamienne ou thaïlandaise. Il est délicieux en gratin mêlé à une béchamel Dukan et passé au four avec un « voile pudique de parmesan ».

DUO DE MOUSSE AU **BROCOLI** ET AU SAUMON

Temps de préparation : 30 min
Réfrigération : 60 min
Pour 12 verrines

Pour la mousse de saumon

150 g de saumon fumé

8 cuillères à soupe
de fromage blanc 0 %

1/2 jus de citron

Sel, poivre

Pour la mousse de brocoli

1/2 brocoli cuit

2 carrés frais 0 %

1 cuillère à soupe
de fromage blanc 0 %

1/2 jus de citron

Sel, poivre

Décoration : une touche de curry en poudre

Préparation au saumon

- Mixez le saumon avec le fromage blanc 0 % et le demi-jus de citron jusqu'à l'obtention d'un mélange mousseux homogène.
- Salez, poivrez un peu et versez dans les verrines.
- Mettez au frais en attendant la préparation au brocoli.

Préparation au brocoli

- Mixez le brocoli avec les carrés frais, le fromage blanc 0 % et le demi-jus de citron. Salez et poivrez.
- Ajoutez ce mélange sur la préparation au saumon.
- Terminez par une touche de curry et remettez au frais pendant 1 heure.
- Sortez les verrines 10 min avant de servir.

LA **CAROTTE**

Malgré ses 7 g de glucides, le double de la tomate, je considère la carotte comme un excellent légume minceur. D'abord, c'est un légume apprécié des enfants, surtout râpé, et il le reste chez l'adulte qui apprend vite à l'apprécier cuit. Le seul petit inconvénient de la carotte râpée est d'absorber trop de vinaigrette. Il est donc impératif de n'y ajouter qu'une vinaigrette allégée.

• Ses **caractéristiques nutritionnelles** générales

Sur le plan nutritionnel, la carotte a donné son nom au carotène, précurseur végétal de la vitamine A. La carotte est l'un des trois majors de la prévention de très nombreux risques (cœur, cancer…). Calories : 38 pour 100 g.

• Son rôle dans le **régime Dukan**

Son petit goût sucré, son croquant et son action de rassasiement composent un combiné gagnant. Ne jamais se laisser impressionner par le fait que les diabétiques la redoutent. Crue, son assimilation n'est pas plus rapide que tout autre légume. Cuite, ses sucres pénètrent plus vite mais cette vitesse ne concerne que les diabétiques.

• Les préparations culinaires dans le **régime Dukan**

Elle se consomme râpée, en purée (Picard), en soupe, ou en rondelles avec des ragoûts de bœuf ou de veau.

VELOUTÉ DE **CAROTTES** AU GINGEMBRE

Temps de préparation : 10 min
Temps de cuisson : jusqu'à ce
que les carottes soient cuites
(à l'aide d'un couteau, piquez
une carotte. La lame doit
s'enfoncer facilement).
Pour 2 personnes

4 carottes

1 cuillère à café
de gingembre en poudre

500 ml d'eau

1 bouillon cube
de volaille dégraissé

1 gousse d'ail hachée

1 cuillère à soupe
de crème liquide 3 %

Sel, poivre

- Épluchez les carottes et coupez-les en lamelles.

- Faites chauffer 6 cuillères à soupe d'eau dans une casserole, ajoutez les carottes, puis le gingembre, l'eau, le bouillon cube émietté et l'ail.

- Faites cuire, à couvert, à feu doux, jusqu'à ce que les carottes soient cuites. Salez et poivrez un peu.

- Mixez le tout. Si le velouté est trop épais, ajoutez un peu d'eau.

- Ajoutez la crème et mixez à nouveau. Rectifiez l'assaisonnement. Servez chaud.

LE **CÉLERI**

Bon légume minceur car croquant et tendre, surtout en s'enfonçant vers le cœur. Extrêmement peu calorique, puissant en saveur et en parfum, et bon accompagnateur de nombreux mets. Il existe également le céleri-rave, grosse boule dont on fait de très bonnes purées.

• Ses **caractéristiques nutritionnelles** générales

Très peu calorique (15 calories pour 100 g), il est riche en potassium, en vitamine C et en acide folique.

• Son rôle dans le **régime Dukan**

Cru, il fait un bon hors-d'œuvre ou avec des fruits de mer, crevettes ou langoustines. Cuit, il parfume tout ce qu'il touche, les soupes, les sauces de poisson et de volaille, les ragoûts.

• Les préparations culinaires dans le **régime Dukan**

Il donne de la saveur à cette substance végétale et protéinée qu'est le tofu. En fines lamelles, il modifie la texture de l'omelette tout en la parfumant. Braisé, gratiné d'un « voile de parmesan », mélangé à du son d'avoine ou dans une béchamel Dukan, il fait un très bon accompagnement. Ses feuilles ne doivent surtout pas être jetées mais bien rincées et hachées, elles ajoutent de la saveur à tous les aliments cuits qu'elles imprègnent. Le céleri-rave, lui, est excellent en purée avec des viandes et des volailles et remplace avantageusement la purée de pommes de terre (on la trouve en surgelé). On peut également le cuire en morceaux dans un faitout avec des morceaux de carottes, des cœurs d'artichaut et du jus de citron. Délicieux !

ℒOTTE
AUX CŒURS DE **CÉLERI**

Temps de préparation : 5 min
Temps de cuisson : 10 min
Pour 2 personnes

300 g de lotte
2 oignons
1 fumet de poisson dégraissé
2 cœurs de céleri en boîte

4 pincées de curry en poudre
4 cuillères à soupe
de vin blanc
Sel, poivre

- Faites revenir la lotte en morceaux dans une poêle à revêtement antiadhésif sur un tapis d'oignons hachés finement. Imbibez du fumet de poisson.

- Ajoutez les cœurs de céleri coupés en deux et égouttez bien.

- Laissez cuire à couvert pendant 10 minutes.

- Ajoutez le curry en poudre et le vin blanc. Salez et poivrez.

- Servez chaud.

LE **CHAMPIGNON**

À mi-chemin entre le végétal et l'animal, on présente souvent le champignon comme une viande végétale en fonction de sa texture ferme et résistante. Le représentant le plus répandu est le champignon de Paris car il est cultivé industriellement. Les sauvages sont des aliments de luxe et occasionnels.

• Ses **caractéristiques nutritionnelles** générales

Sur le plan nutritionnel, le champignon de Paris est un pseudo-végétal. Peu calorique (35 calories aux 100 g), avec près de 3 g de protéines pour 100 g.

• Son rôle dans le **régime Dukan**

Dans mon régime, c'est précisément sa texture originale et son pouvoir de satiété élevé qui sont recherchés. De plus, les champignons sont plus riches en protéines que la plupart des légumes verts. Légumes généralement acceptés de tous, ils permettent d'introduire de la diversité dans mon régime où ils sont les seuls à vivre sans le secours de la chlorophylle.

• Les préparations culinaires dans le **régime Dukan**

Le champignon de Paris se prépare cru ou cuit. Cru, il entre dans la composition de salades. Si vous trouvez un très gros champignon, coupez-le en lamelles très fines, de haut en bas en incluant le pied, puis posez-le sur une belle assiette et faites-le basculer pour le coucher sur le côté en espaçant ses lamelles. Puis appliquez de la sauce en spray (vinaigrette Dukan). Cuit, faites-le sauter à la poêle (avec 3 gouttes d'huile + Sopalin), ou bien farcissez-le de viande ou de tartare de saumon. Il accompagne aussi parfaitement les omelettes ou peut se rajouter coupé en morceaux à du jambon haché menu, et entre de la même façon parfaitement dans la préparation d'une galette de son d'avoine. Pour avoir toujours des champignons chez soi, pensez aux surgelés. Les autres champignons accompagnent particulièrement bien les viandes et les volailles.

CRÈME DE **CHAMPIGNONS** DE PARIS

Temps de préparation : 15 min
Temps de cuisson : 10 min
Repos : 60 min
Pour 6 personnes

500 g de champignons de Paris

1 botte d'estragon

4 tranches de viande des Grisons

25 cl de crème fraîche légère à 3 %

Sel, poivre

- Lavez les champignons et l'estragon.

- Découpez les champignons en morceaux et faites-les poêler avec la viande des Grisons et l'estragon.

- Réservez quelques feuilles pour la décoration.

- Mixez la préparation avec la crème. Salez et poivrez.

- Versez la crème de champignons dans des verres et décorez avec des feuilles d'estragon.

LES **CHOUX** DE **BRUXELLES**

Choux nains à l'aspect de petits choux pommés. Diversement appréciés et plutôt caloriques pour un légume, ce ne sont pas de grands alliés de la minceur mais ils sont très riches en fibres et très rassasiants. À réserver à ceux qui les apprécient.

• Ses **caractéristiques nutritionnelles** générales
Comme tous les choux, ils sont très riches en vitamine C, acide folique, potassium et ils sont réputés anticancéreux. 39 calories pour 100 g.

• Son rôle dans le **régime Dukan**
Contrairement aux autres choux, ils ne se consomment que cuits.

• Les préparations culinaires dans le **régime Dukan**
Cuisez-les à l'eau et gratinez-les avec un « voile de parmesan » ou accompagnez-les d'une béchamel Dukan.

GRATIN DE PURÉE DE **CHOUX DE BRUXELLES** À LA TRUITE ROSE

Temps de préparation : 10 min
Temps de cuisson : 20 min
Pour 4 personnes

1 kg de choux de Bruxelles
4 filets de truites roses

4 cuillères à soupe de crème
fraîche 3 %

- Faites cuire les choux de Bruxelles dans une cocotte 5 à 10 min. Dès la fin de la cuisson, laissez-les refroidir et mixez-les avec un robot.

- Disposez dans 4 ramequins une couche de purée de choux de Bruxelles, 1 cuillère à soupe de crème fraîche 3 %, 1 filet de poisson, une dernière couche de purée de choux de Bruxelles.

- Mettez au four pendant 20 min à 180 °C (thermostat 6).

Le chou représente une famille de légumes verts universels. C'est l'un des aliments fondamentaux du patrimoine de l'homme. C'est un aliment puissant de la minceur. Dense et rassasiant mais hélas moins séduisant que la tomate ou la laitue. Parmi la grande variété des choux, le chou rouge étonne et séduit par sa belle couleur qui est due à l'acidité du sol dans lequel il pousse. C'est, de tous les choux, le plus tendre, celui que l'on consomme le plus volontiers en salade.

- Ses **caractéristiques nutritionnelles** générales

Sur le plan nutritionnel, le chou, blanc ou rouge, est le plus médicinal de tous les légumes et peut-être de toutes les alimentations. Véritable pharmacie végétale, il est le légume le plus riche en vitamine C, bourré d'acide folique, de potassium, de vitamine B6. C'est aussi l'aliment le plus reconnu pour ses vertus anti-cancer. À privilégier donc dans les familles à risque, notamment en cas d'obésité.

- Son rôle dans le **régime Dukan**

Aliment de première importance dans ma méthode, ce végétal anti-cancer par excellence est d'une exceptionnelle richesse en vitamines et micro-nutriments. La restauration japonaise a mis le chou à la mode : la salade de chou finement émincée. Il suffit, au restaurant, de la demander « sauce à part » et d'utiliser des sauces non sucrées. Le chou est traditionnellement consommé cuit, soit à l'étouffée, à la vapeur, braisé, sauté ou farci. C'est le cas de notre recette de feuille de chou farci ou de mille-feuille de saumon en faisant alterner une feuille de chou, une tranche de saumon. Mais il peut aussi être consommé râpé, toujours en vinaigrette.

- Les préparations culinaires dans le **régime Dukan**

La choucroute est, en dehors de la charcuterie qui peut l'accompagner, un légume fermenté au contact du sel et de ses feuilles émincées, traitement au sel qui le rend plus digeste. La choucroute est un formidable aliment de la minceur si l'on choisit bien les viandes, sans jambons et le vin de cuisson dont l'alcool s'évapore en laissant son arôme. Pensez également à la choucroute de la mer !

CHOU FARCI

Temps de préparation : 10 min
Temps de cuisson : 45 min
Pour 4 personnes

1 gros chou vert
300 g de steak haché à 5 %
1 oignon

2 à 3 cuillères à soupe
de coulis de tomates
Sel, poivre

- Faites blanchir quelques instants dans l'eau bouillante le chou et égouttez-le. Enlevez ses grosses feuilles et creusez dans le corps du chou une cavité pour la farce.

- Mélangez le steak haché à 5 %, l'oignon haché, sel et poivre.

- Faites revenir la farce dans une poêle antiadhésive en ajoutant le coulis de tomates.

- Incorporez cette farce dans le chou et refermez-le avec ses grandes feuilles. Attachez le tout à la ficelle de cuisine.

- Mettez le chou à braiser en fond de cocotte en le tournant en tous sens. Puis laissez-le cuire à feu doux à couvert pendant 45 min.

LE **CHOU-RAVE**

Mélange à mi-chemin entre le chou et le navet. Il n'est pas très apprécié en ami de la minceur car il manque de couleur et sa consistance sous la dent est ferme et laborieuse. Mais il a ses adeptes.

• Ses **caractéristiques nutritionnelles** générales

Peu calorique (27 calories pour 100 g), le chou-rave a une bonne teneur en vitamine C et en potassium. Il conserve, de son origine « chou », son action de prévention contre le cancer.

• Son rôle dans le **régime Dukan**

Son apport dans le cadre de mon régime est principalement son action rassasiante et satiétogène, notamment avec une mayonnaise Dukan sans huile. C'est aussi son riche apport en vitamines et en micronutriments. Il peut accompagner la volaille ou se faire en purée. Certains l'aiment cuit à la vapeur arrosé d'un jeu de cuisson.

• Les préparations culinaires dans le **régime Dukan**

Son étoile remonte quand on peut le préparer nappé de crème ultra-light parfumée d'ail et de gingembre.

GRATIN DE **CHOU-RAVE**

**Temps de préparation : 20 min
Temps de cuisson : 35 à 45 min
Pour 4 personnes**

4 choux-raves
1/2 l de lait écrémé

1 béchamel Dukan
(voir p. 223)

- Pelez les choux-raves et coupez-les en deux puis en demi-rondelles.

- Mettez le lait à chauffer dans une casserole, ajoutez-y les demi-rondelles de chou-rave, salez très légèrement et portez à ébullition.

- Laissez mijoter tout doucement, à frémissement, sans couvercle, le temps que les rondelles s'attendrissent, entre 10 et 20 min selon l'épaisseur des tranches. Quand le chou-rave est cuit, transvasez-le dans un plat à gratin.

- Gardez bien le lait de cuisson qui va servir pour faire la sauce béchamel Dukan bien épaisse : mélangez à froid le lait écrémé avec 2 cuillères à soupe de Maïzena. Laissez cuire quelques minutes à feu doux tout en remuant pour épaissir puis assaisonnez avec du poivre et 1 pincée de noix de muscade.

- Versez sur le chou-rave et enfournez à four chaud à 180 ou 210 °C (thermostat 6 ou 7) entre 35 et 45 min.

LE **CHOU-FLEUR**

Le chou-fleur est un aliment à forte personnalité, universel, appartenant à toutes les cultures, donc proche de l'homme et existant en symbiose avec lui. Ne jamais oublier que plus un aliment a vécu longtemps au contact de l'homme, plus il lui est nécessaire et plus il est protecteur.

• Ses **caractéristiques nutritionnelles** générales

Sur le plan nutritionnel, c'est un légume très peu calorique (24 calories pour 100 g), avec 2 g de protéines et 5 g de glucides pour 100 g, ce qui lui confère sa douceur. C'est surtout l'une des meilleures teneurs végétales en vitamine C, ce qui le rend tonique et stimulant pendant le régime. Riche en potassium, il exerce un effet diurétique bienvenu lors de rétention d'eau féminine. Riche en acide folique important pour la femme et en vitamine B6, important pour la femme sous contraceptif oral. Mais, par-dessus tout, c'est, avec le brocoli, l'un des aliments les plus protecteurs du cancer.

• Son rôle dans le **régime Dukan**

Dans mon régime, le chou-fleur est un maître-aliment car il est consistant, rassasiant, se prête à tant de présentation et préparations, est bon marché et est un aliment de santé, voire un aliment médicinal.

• Les préparations culinaires dans le **régime Dukan**

Il se prépare cru et entre dans la composition de multiples salades. Il se consomme au cours de l'apéritif dans une sauce sans matières grasses. Il se prépare cuit dans une infinité de recettes et de présentations qui témoignent de sa vieille complicité avec l'homme. Essayez-le en gratin avec une béchamel Dukan puis passé au four, en purée avec quelques doigts de Bridelight 4 %, en soupe avec du cumin, en complément de farce et même en pickles après séjour dans le vinaigre.

CRÈME DE **CHOU-FLEUR** AU CUMIN

Temps de préparation : 10 min
Temps de cuisson : 45 min
Réfrigération : 4 heures
Pour 4 personnes

200 g de chou-fleur
cuit à la vapeur

1 verre de champignons cuits
à la vapeur

500 ml de lait écrémé

1 cuillère à café d'agar-agar

1 cuillère à café de cumin
moulu

Fleur de sel

Poivre de Sichuan

- Mixez le chou-fleur avec tous les ingrédients sauf les champignons. Mettez dans une casserole, portez à ébullition, laissez ensuite frémir 30 min.

- Mettez dans les coupelles et parsemez de champignons. Laissez refroidir au moins pendant 4 heures.

LE **CŒUR DE PALMIER**

Le cœur de palmier est le bourgeon terminal d'un arbre, le palmiste. C'est un produit sylvestre et sauvage, non cultivé par l'homme, sans exploitation intensive. Mis en boîte, il devient un végétal intéressant et entre à ce titre dans mes 100 aliments. Le sélectionner de premier choix pour qu'il soit tendre et peu filandreux.

• Ses **caractéristiques nutritionnelles** générales
Sur le plan nutritionnel, il n'apporte que 25 calories pour 100 g et 2,3 g de protéines.

• Son rôle dans le **régime Dukan**
Dans mon régime, le cœur de palmier a une consistance ferme et résistante qui impose une vraie mastication. Il est peu calorique et a une bonne teneur en protéines pour un végétal. Il est original et exotique et apporte de la variété. Enfin, présenté en bocal ou en boîte, il est pratique car toujours prêt.

• Les préparations culinaires dans le **régime Dukan**
Il s'utilise comme un légume, soit en salade composée, soit en vedette américaine, toujours avec une vinaigrette Dukan. Cuit, il accompagne et garnit aussi bien des volailles que des viandes et des poissons. Dans ce cas, essayez une béchamel Dukan ou une sauce tomate maison. Ma recette préférée est le roulé de saumon fumé aux cœurs de palmier, au citron et à l'aneth.

ROULÉS DE SAUMON FUMÉ AUX **CŒURS DE PALMIER**

Temps de préparation : 10 min
Temps de cuisson : 3 min
Pour 6 personnes

6 tranches de saumon fumé

6 rouleaux
de cœurs de palmier

250 g de carrés frais
ail et fines herbes 0 %

15 cl de lait écrémé

Une touche de curry
en poudre

- Roulez les cœurs de palmier dans les tranches de saumon fumé et réservez au frais.

- Pendant ce temps, écrasez les carrés frais 0 % ail et fines herbes avec le lait écrémé et ajoutez une touche de curry en poudre.

- Réajustez l'assaisonnement si besoin avec du sel et du poivre et avec un peu de lait écrémé si vous trouvez que la crème est trop épaisse.

- Servez en assiette les roulés en versant de la crème au-dessus.

LE **CONCOMBRE**

Aliment symbole de la minceur car c'est le moins calorique de tous les légumes verts et le moins riche en sucres-glucides.

• Ses **caractéristiques nutritionnelles** générales
Sur le plan nutritionnel, tenez-vous bien : il apporte 10 calories et seulement 1,8 g de glucides pour 100 g, mais fournit du potassium, du magnésium et 1 g de fibres. C'est un petit champion !

• Son rôle dans le **régime Dukan**
Dans mon régime, je lui accorde une place de choix car, outre sa faible teneur énergétique, il est très riche en sels minéraux de qualité comme le potassium et cela lui confère des vertus diurétiques. Très riche en eau et rafraîchissant, il est croquant, ce qui est très apprécié des « régimeurs ». Enfin, il se marie très bien au yaourt maigre qui est le leader minceur dans sa catégorie.

• Les préparations culinaires dans le **régime Dukan**
Sa préparation est multiple. En salade, simple ou composée, dans le tzatziki avec le yaourt, en bâtonnets au citron, il entre aussi dans la composition du gaspacho.

MOUSSE DE **CONCOMBRE**
AUX CARRÉS FRAIS 0 %

Temps de préparation : 10 min
Temps de cuisson : jusqu'à ce
que les carottes soient cuites
Pour 2 personnes

1 concombre
200 ml d'eau
2 g d'agar-agar
200 g de carrés frais 0 %

1 cuillère à café
d'arôme chèvre
Un peu d'aneth
Un peu de piment d'Espelette
Sel, poivre

- Pelez et épépinez le concombre. Mixez la chair avec l'eau.

- Délayez-y l'agar-agar puis portez à ébullition et laissez frémir pendant 30 secondes.

- Écrasez à l'aide d'une fourchette les carrés frais 0 %, ajoutez-y l'arôme chèvre, salez peu, poivrez, ajoutez de l'aneth, un peu de piment d'Espelette.

- Délayez avec le jus de concombre chaud.

- Versez dans des verrines, laissez refroidir puis placez 1 heure au moins au frais. Parsemez de rondelles de radis ou de concombre en décoration.

LA **COURGETTE**

La courgette est une petite courge consommée avant maturité, ce qui explique sa petite taille, sa consistance molle et sa richesse en pectine.

• Ses **caractéristiques nutritionnelles** générales

Sur le plan nutritionnel, la courgette ne représente que 17 calories seulement aux 100 g. C'est, avec le concombre, la tomate, l'endive et l'aubergine, l'un des cinq légumes les moins caloriques de la création. Très pauvre en sodium et riche en potassium, elle est légèrement diurétique et lutte activement contre la rétention d'eau féminine.

• Son rôle dans le **régime Dukan**

Dans mon régime, c'est un végétal de première nécessité et intérêt. Très peu calorique et peu sucré, c'est un aliment de confort d'une extrême digestibilité. Mais son intérêt majeur est sa richesse en pectine, une substance médicinale capable de réduire le cholestérol et la vitesse de pénétration du sucre. Mais surtout, la pectine, bien connue des amateurs de pommes, a un très fort pouvoir de réplétion et de satiété car elle peut s'imprégner de trente fois son volume d'eau dans l'estomac. Encore mieux, dans l'intestin grêle, lieu de passage des calories et nutriments dans le sang, la pectine gélifiée et visqueuse se « colle » à tout ce qui l'environne, entraînant avec elle son précieux butin de calories, ce qui « allège » vos repas – modestement mais aussi souvent que vous consommez des courgettes.

• Les préparations culinaires dans le **régime Dukan**

La courgette se prépare cuite, bouillie ou vapeur pour être ensuite accommodée avec une vinaigrette maigre ou une sauce au yaourt. La courgette entre dans la composition de la ratatouille avec ses trois autres mousquetaires : tomate, aubergine, poivron. En potage, c'est elle, par son moelleux et son onctuosité, qui peut remplacer la pomme de terre et se suffit d'une crème Bridelight 3 ou 4 %. On peut aussi la faire cuire avec des oignons dans une poêle avec 3 gouttes d'huile + Sopalin et de la viande hachée. Depuis peu, la mode de la plancha lui apporte une nouvelle présentation : grillée, al dente et croquante.

CRÈME DE **COURGETTES**

> Temps de préparation : 15 min
> Temps de cuisson : 40 min
> Pour 6 personnes

1 kg de courgettes
1 oignon
1 l de bouillon de volaille dégraissé

20 cl de crème fraîche épaisse 3 % (toléré)
2 petits-suisses 0 %
1 pincée de muscade
Sel, poivre

- Pelez les courgettes et coupez-les en morceaux. Pelez et hachez l'oignon.

- Faites chauffer 6 cuillères à soupe d'eau dans une sauteuse à revêtement antiadhésif à feu moyen et faites-y revenir l'oignon en remuant assez souvent et cela pendant 2 min. Ajoutez les courgettes.

- Versez le bouillon et amenez à ébullition. Couvrez et laissez mijoter à feu doux jusqu'à ce que les courgettes soient tendres (environ 30 min de cuisson).

- Vérifiez la cuisson avec la pointe d'un couteau. Arrêtez la cuisson et mixez les légumes afin d'obtenir une purée.

- Mélangez dans un grand bol la crème et les petits-suisses et ajoutez-les à la purée de courgettes. Mélangez bien. Salez, poivrez et ajoutez la muscade.

- Réchauffez le tout dans une casserole si besoin.

L'ENDIVE

C'est le légume belge issu de la chicorée. Légume moderne, facile d'utilisation, se conservant longtemps, extrêmement peu calorique, croquant et captant la saveur environnante. Son seul point faible : sa pointe d'amertume concentrée à sa base qu'il suffit d'ôter en cône pour ne pas incommoder les enfants.

• Ses **caractéristiques nutritionnelles** générales

Très peu calorique, 15 calories pour 100 g, c'est le légume le plus riche en acide folique (très bon en cas de grossesse ou de maladies cardiovasculaires), calcium et potassium. C'est un légume légèrement diurétique.

• Son rôle dans le **régime Dukan**

L'endive est un très bon légume de mon régime. Crue, elle est délicieuse en salade effeuillée ou en quart servie avec une vinaigrette Dukan au vinaigre balsamique, ou encore avec une sauce au fromage blanc à laquelle vous adjoindrez une pointe de roquefort ou de bleu, ou encore d'arôme roquefort. Cuite, elle est surtout braisée où elle prend une saveur typique, précieuse et fine.

• Les préparations culinaires dans le **régime Dukan**

Elle peut être simplement cuite à l'étuvée mais a besoin d'une béchamel Dukan. Sa recette la plus classique est l'endive étuvée, enrobée d'une tranche de jambon allégé avec une béchamel Dukan, puis gratinée au four avec, selon la phase traversée et les succès engrangés, un léger « voile de parmesan ».

ᦡNDIVES
À LA NORVÉGIENNE

Temps de préparation : 10 min
Pour 4 personnes

3 tranches de saumon fumé
1 œuf dur écrasé
5 endives
Le jus d'1 citron vert
2 cuillères à soupe d'huile de paraffine

1 cuillère à café d'arôme olive*
1 cuillère à soupe de moutarde
2 cuillères à soupe d'aneth
1 cuillère à soupe de baies de roses
Sel, poivre

- Retirez les feuilles extérieures et le cône de la base de chaque endive. Lavez-les.

- Émincez le saumon fumé et les endives en lanières dans le sens de la longueur. Citronnez-les avec 1 cuillère à soupe de jus de citron.

- Dans un bol, versez le jus de citron restant, la moutarde, le sel et le poivre. Ajoutez l'huile, l'arôme et l'œuf dur.

- Répartissez les lanières d'endives et de saumon sur les 4 assiettes.

- Versez la sauce et terminez en saupoudrant d'aneth et de baies de roses.

L'ÉPINARD

Aujourd'hui, l'épinard se consomme davantage cuit que cru, davantage en conserve que préparé et davantage en surgelé qu'en conserve. Ce n'est pas un légume de fantaisie. Rares sont les enfants qui en redemandent. Et les épinards sont souvent appréciés en fonction de leur préparation.

• Ses **caractéristiques nutritionnelles** générales
Très peu calorique, 18 calories pour 100 g. C'est un grand vecteur d'acide folique essentiel pour les femmes enceintes et les problèmes de cœur. Il est connu pour son fer (symbolisé par les biceps de Popeye), sa richesse en vitamine A : c'est un légume sain mais il faut l'aimer et pour cela, apprendre à le préparer.

• Son rôle dans le **régime Dukan**
Dans ma méthode et mon régime où les femmes sont majoritaires, l'épinard est un aliment précieux pour sa richesse en fer, si souvent déficitaire chez celles qui ont des règles abondantes ou des cycles trop rapprochés. Il est conseillé de le préparer avec du jus de viande, lui-même riche en fer, ou un bouillon. Plus simplement, il peut être accommodé avec de la crème ultra-light à 3 ou 4%.

• Les préparations culinaires dans le **régime Dukan**
Il se marie très bien avec le lait, le fromage blanc et les œufs (incorporé dans les omelettes ou en gratin avec un « voile de parmesan »). Il peut être aussi utilisé dans les farces. C'est l'accompagnement recommandé du veau, de la volaille et du poisson, surtout du saumon pour l'apport en huile de mer et pour la combinaison des couleurs.

CLAFOUTIS DE SAINT-JACQUES AUX **ÉPINARDS**

Temps de préparation : 30 min
Temps de cuisson : 25 min
Pour 4 personnes

300 g de noix de
Saint-Jacques surgelées

1 œuf + 1 blanc

2 cuillères à soupe de tofu
soyeux

250 g d'épinards en branches
surgelés

125 ml de lait écrémé

25 g de Maïzena

Sel, poivre

- Décongelez les noix de Saint-Jacques et les épinards. Séchez, salez et poivrez les noix de Saint-Jacques.

- Poêlez-les après avoir passé une feuille d'essuie-tout huilée dans la poêle.

- Chauffez les épinards 5 min dans une casserole, pressez-les pour en extraire l'eau.

- Battez les œufs (entier + blanc) avec la Maïzena puis mixez avec le lait et le tofu. Salez, poivrez.

- Étalez les épinards puis les noix de Saint-Jacques dans un plat et recouvrez de la préparation.

- Enfournez et laissez cuire environ 25 min à 180 °C (thermostat 6).

LE **FENOUIL**

Très grand aliment de la minceur car croquant, délicieusement anisé, légèrement sucré, rassasiant, frais et se prêtant à de multiples préparations, cuit ou cru.

• Ses **caractéristiques nutritionnelles** générales

C'est un légume peu calorique, 20 calories pour 100 g, qui facilite la digestion des plats gras ou indigestes. Très riche en potassium, il a une bonne teneur en vitamine C et en acide folique.

• Son rôle dans le **régime Dukan**

Dans mon régime, le fenouil présente l'avantage d'apporter le croquant qui peut manquer à ceux, nombreux, qui l'apprécient et le recherchent. Ils le prépareront cru comme l'aiment les Italiens, en salade et vinaigrette ou au citron. Il s'incorpore à tous types de salades en y introduisant son délicieux parfum d'anis et sa fraîcheur ferme et croquante. Cuit ou plutôt simplement blanchi pour ne pas perdre sa saveur anisée, il peut être braisé ou sauté en accompagnement de plats, soit seul, soit avec d'autres légumes.

• Les préparations culinaires dans le **régime Dukan**

Il peut être préparé avec une crème ultra-light en gratin ou même grillé à la plancha comme en Espagne en faisant briller la plaque avec 3 gouttes d'huile d'olive + Sopalin. Il peut accompagner les viandes blanches, notamment le lapin mais l'accompagnement le plus classique est celui du loup de mer qui est une spécialité provençale.

SALADE FRAÎCHEUR DE LA MER AU **FENOUIL**

Temps de préparation : 10 min
Réfrigération : 30 min
Pour 4 personnes

1/4 d'un concombre moyen
1/4 de chou chinois
1 fenouil moyen
300 g de surimi émincés

200 g de crevettes décortiquées
Mayonnaise Dukan (voir p. 222)

- Épluchez le concombre. Émincez le concombre, le chou chinois et le fenouil.

- Mettez-les dans une passoire et passez-les sous l'eau pour les laver. Laissez égoutter dans la passoire.

- Coupez en petits morceaux les crevettes et ajoutez le surimi émincé.

- Mélangez dans un saladier tous ces ingrédients avec la mayonnaise Dukan.

- Laissez au réfrigérateur et sortez le moment venu.

LE **HARICOT VERT**

C'est le symbole fort de la minceur, si fort que Dior lui dédia une collection pour femme filiforme : la ligne Haricot Vert.

• Ses **caractéristiques nutritionnelles** générales

Sur le plan nutritionnel, le haricot vert est une véritable bombe nutritive. Peu calorique, 30 calories cru, 23 cuit pour 100 g. Ultra-maigre, 0,2 g de lipides pour 100 g, il apporte 4 g de glucides, mais il contient beaucoup de vitamine A, 200 g de haricots fournissant la moitié des besoins quotidiens. Il est également riche en vitamine B1 et en acide folique essentiel pour la femme enceinte.

• Son rôle dans le **régime Dukan**

Dans mon régime, c'est l'un des aliments les plus utiles, l'un de mes trois légumes vedettes. D'abord, il est très peu calorique. C'est l'un des légumes verts les plus riches en protéines végétales. Les haricots verts sont riches en méthionine mais manquent de lysine, et se marient opportunément avec les céréales, qui, à l'inverse, sont riches en lysine et pauvres en méthionine. Ainsi, son d'avoine et haricots verts sont capables de créer des protéines complètes fondamentales pour le végétarien qui ne mange pas de chair animale. Les haricots verts sont riches en pectine, la fibre soluble qui confère à la pomme ses propriétés médicinales. La pectine prend près de trente fois son volume d'eau et occupe longtemps l'estomac, ce qui lui confère son très haut pouvoir de satiété. 200 g de haricots verts peuvent donc éteindre un très puissant appétit. De plus, la pectine a le pouvoir dans l'intestin de coller à ce qui l'entoure, nutriments et calories, les séquestrer et les éliminer avec elle dans les selles, ce qui réduit modérément la valeur calorique des repas. De plus, c'est statistiquement le légume le mieux accepté de tous, y compris des enfants rarement attirés par les légumes. C'est la garniture de légumes la plus vendue en restauration française.

• Les préparations culinaires dans le **régime Dukan**

Les haricots verts peuvent se consommer en vinaigrette seuls ou dans une salade composée. Ils sont surtout utilisés en garniture chaude de viandes ou de volailles.

HARICOTS VERTS À LA BOLOGNAISE

Temps de préparation : 10 min
Temps de cuisson : 20 min
Pour 2 personnes

300 à 400 g de haricots verts surgelés

2 steaks hachés à 5 % de matière grasse

Coulis de tomates

1 oignon

Herbes de Provence

Sel, poivre

- Faites cuire les haricots verts dans l'eau bouillante et sortez-les une fois cuits. Réservez.

- Dans une casserole, faire revenir l'oignon avec 3 cuillerées à soupe d'eau. Ajoutez la viande hachée puis salez, poivrez et ajoutez les herbes de Provence.

- Versez ensuite le coulis de tomates et laissez mijoter. Une fois cuite, versez la bolognaise sur les haricots verts.

LA **LAITUE**

C'est le légume salade par excellence : un superbe allié de la minceur. C'est le légume préféré des Français avec la tomate. Elle se consomme classiquement avec de la vinaigrette

• Ses **caractéristiques nutritionnelles** générales

Extrêmement pauvre en calories, entre 8 et 11 pour 100 g selon les variantes, c'est un piège à huile à laquelle il faut préférer la vinaigrette Dukan. La laitue constitue une source appréciable de vitamines, minéraux et oligo-éléments.

• Son rôle dans le **régime Dukan**

L'avantage de la laitue dans mon régime est d'apporter une touche laiteuse et très légèrement sucrée toujours bienvenue dans un plan où les protéines sont très présentes. La laitue jeune est la plus utilisée en Europe. C'est la plus tendre et la plus blanche au centre des laitues. La frisée est plus croquante mais c'est un piège à sauce. Certaines variétés ont une légère saveur noisette. La romaine est la plus ferme et cassante.

• Les préparations culinaires dans le **régime Dukan**

La laitue peut se consommer braisée ou en soupe mais je ne le conseille pas car elle perd son croquant, sa belle couleur verte, et une part de vitamines, notamment l'acide folique si important pour les femmes.

ROULEAUX DE LAITUE PRINTANIERS

Temps de préparation : 10 min
Temps de cuisson : 20 min
Pour 4 personnes

4 grandes feuilles de laitue

200 g de crevettes décortiquées

100 g de germes de soja

1 petit concombre

1 yaourt nature à 0 %

1 cuillère à soupe de jus de citron

1 cuillère à café de ciboulette hachée

1 cuillère à soupe de menthe fraîche ciselée

100 g de fromage blanc à 0 %

Sel, poivre

- Dans un bol, mélangez le yaourt, le jus de citron, la ciboulette et la menthe ciselée. Salez et poivrez et réservez au frais.

- Prélevez 4 longues lanières de peau de concombre à l'aide d'un économe, et coupez-les en deux.

- Râpez le concombre et mettez-le dans une passoire avec un peu de sel pour le faire dégorger.

- Une fois le concombre égoutté, mélangez concombre, germes de soja, crevettes avec le fromage blanc. Salez et poivrez.

- Répartissez le mélange entre les 4 grandes feuilles de laitue etrefermez-les en rouleaux.

- Égalisez les bords avec des ciseaux et ligotez-les avec les lanières de concombre. Servez en assiette avec la sauce.

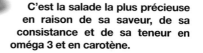

LA **MÂCHE**

C'est la salade la plus précieuse en raison de sa saveur, de sa consistance et de sa teneur en oméga 3 et en carotène.

• Ses **caractéristiques nutritionnelles** générales
Sur le plan nutritionnel, on remarque particulièrement sa richesse en oméga 3 (la moitié de ses lipides, soit 240 mg pour 100 g), ce qui lui vaut le titre de « salade antistress ». Très peu calorique, 12 calories pour 100 g, mais très riche en béta-carotène, ainsi qu'en vitamine E (50 mg), ce qui majore encore sa valeur médicinale.

• Son rôle dans le **régime Dukan**
Dans mon régime, je lui accorde la première place ex æquo avec l'endive, cette dernière pour sa facilité d'emploi. Si douce que son second nom est la doucette, de consistance épaisse et dense, elle apaise l'appétit et existe désormais en sachets, ce qui écarte son unique inconvénient, son sable.

• Les préparations culinaires dans le **régime Dukan**
La mâche se prépare crue en salade et elle fait son meilleur duo avec la betterave, deux grands légumes de la douceur. Ne pas masquer cette saveur douce et délicate en l'associant à des légumes ou à des vinaigrettes aux goûts prononcés ou brutaux.

BALLOTINS DE **MÂCHE** AU SAUMON FUMÉ

Temps de préparation : 10 min
Pour 2 personnes

1 barquette de salade de mâche

4 tranches de saumon fumé

100 g de fromage blanc

Ciboulette en brins

Ciboulette hachée

Jus de 2 citrons

Sel, poivre

- Préparez une sauce avec le fromage blanc, la ciboulette et le jus d'un demi-citron. Salez légèrement.

- Étalez les tranches de saumon puis farcissez-les avec la mâche, ajoutez un peu de sauce que vous répartissez en quatre et fermez les ballotins avec des brins de ciboulette.

- Versez le reste du jus de citron sur les ballotins.

L'OIGNON

Un des aliments-condiments les plus précieux qui soit, tant sur le plan de la minceur que de la santé et de la cuisine.

• Ses **caractéristiques nutritionnelles** générales

Sur le plan nutritionnel, pour 31 calories aux 100 g, 8 g de glucides et lipides, vous avez un aliment médicinal qui pourrait avoir sa place en pharmacie. C'est la meilleure source végétale de sélénium, véritable booster de la vitamine E. Bien pourvu en vitamine E et en vitamine C, il combine les quatre ténors de la protection cardio-vasculaire car il a aussi le pouvoir de fluidifier le sang, pour réduire la tendance au caillot. Sa richesse en soufre freine l'élévation de la glycémie et protège le diabétique. Enfin, il recèle un grand nombre de substances rares comme le manganèse, le cobalt, le fluor, le molybdène.

• Son rôle dans le **régime Dukan**

Dans mon régime, l'oignon est tellement incontournable que je demande à ceux qui ne l'aiment pas de mettre en place une stratégie « d'attache-ment ». Il est, en France, difficile pour un cuisinier d'officier sans ail, sans oignon, sans sel ni poivre. L'oignon regorge de douceur, voire même de sucré ou de caramélisé, quand il a été suffisamment cuit pour éliminer les dérivés soufrés qui piquent, font pleurer et durcissent l'haleine. L'oignon a des propriétés diurétiques légères mais suffisantes pour aider la femme en rétention d'eau.

• Les préparations culinaires dans le **régime Dukan**

Il se cuisine aussi bien cru que cuit, doux que relevé, en salade, en plat, en accompagnement qu'en dessert. Pensez à la pulpe d'oignon, au bœuf à l'oignon chinois, à la tortilla à l'oignon espagnole, à toutes les prépara-tions dites « à la soubise » pour sa forte teneur en purée d'oignons, aux préparations dites « à la niçoise » qui en recèlent encore bien plus. L'oignon se prépare aussi en gratin. On peut même le farcir.

$\mathcal{S}$AUCE À L'**OIGNON**

Temps de préparation : 5 min
Temps de cuisson : 2 min
Pour accompagner un plat

1 gros oignon
1 petit verre de bouillon de légumes
1 jaune d'œuf

1 petit-suisse à 0 %
1 cuillère de vinaigre balsamique
1 cuillère de moutarde
Sel, poivre

- Épluchez l'oignon et hachez-le finement.

- Dans une casserole, faites revenir l'oignon et le bouillon pendant 2 min.

- Dans un petit saladier, mélangez le jaune d'œuf, le petit-suisse, le vinaigre, la moutarde, le sel, le poivre.

- Ajoutez progressivement le mélange bouillon-oignon refroidi, en mélangeant bien. Servez frais.

LE **POIREAU**

Le poireau est un légume peu apprécié des enfants et auquel les adultes viennent petit à petit. Son usage est très ponctuel et limité au classique poireau vinaigrette. Sa partie la plus appréciée et souvent la seule consommée est son « blanc ».

• Ses **caractéristiques nutritionnelles** générales

Sur le plan nutritionnel, le poireau se situe dans la moyenne calorique (21 calories pour 100 g). Son grand avantage est d'être diurétique, ce qui ajoute à son intérêt chez la femme en rétention d'eau.

• Son rôle dans le **régime Dukan**

Bien acheté, bien cuit, le blanc de poireau ne mérite plus son titre d'« asperge du pauvre ». Comme légume minceur, il lui est largement supérieur car plus dense, plus rassasiant et plus savoureux.

• Les préparations culinaires dans le **régime Dukan**

Je le conseille très fortement comme légume d'accompagnement cuit au wok ou poêlé après cuisson à la vapeur. Longuement revenu, il prend un goût caramélisé de grande valeur culinaire. Il peut également être passé au mixer après cuisson, et mélangé avec des œufs, du son d'avoine et du fromage blanc pour être préparé en gratin, avec un léger « voile de parmesan ».

QUICHE JAMBON ~ POIREAUX

Temps de préparation : 10 min
Temps de cuisson : 20 min
Pour 2 personnes

Pour la préparation de 2 galettes Dukan :

2 cuillères à soupe de son de blé

4 cuillères à soupe de son d'avoine

4 cuillères à soupe de fromage blanc

2 blancs d'œufs

3 poireaux

5 œufs entiers

10 cuillères à soupe de fromage blanc

3 tranches de jambon découenné dégraissé ou de jambon de dinde coupées en allumettes

- Préchauffez votre four à 180 °C (thermostat 6).

- Réalisez le mélange des ingrédients pour une double galette et placez-la dans un moule à tarte sur du papier sulfurisé au four.

- Faites cuire environ 12 min puis sortez-la du four. Coupez les poireaux en morceaux fins.

- Faites-les cuire à la poêle avec un peu d'eau. Salez, poivrez à votre convenance.

- Battez les œufs avec le fromage blanc. Ajoutez le jambon coupé en allumettes. Salez et poivrez à votre convenance.

- Placez ensuite les poireaux sur la galette, puis versez dessus le mélange œuf-jambon-fromage blanc. Placez au four pour une cuisson d'environ 20 min.

LE **POIVRON**

Légume-fruit à chair extrêmement serrée, de consistance croquante et douce (pour le poivron rouge). Juteux, propre, facile à transporter et à consommer de très nombreuses manières.

- Ses **caractéristiques nutritionnelles** générales

Sur le plan nutritionnel, le poivron est, avec le chou, le légume le plus riche en vitamine C (encore plus que l'orange). Il est aussi riche en vitamine A, en potassium et en acide folique, le tout pour 27 calories pour 100 g.

- Son rôle dans le **régime Dukan**

Le poivron est un légume de pointe du régime Dukan. Cru, il s'insère dans des salades avec de la tomate comme dans la niçoise. Il peut se consommer nature en trempette ou en simples lanières aussi longues que des serpentins. Cuit, il peut avantageusement être farci car de bonne contenance et suffisamment ferme pour ne pas se déliter à la cuisson.

- Les préparations culinaires dans le **régime Dukan**

Sa préparation royale est « grillé » : entrer au four en le retournant jusqu'à noircir la peau. Le placer dans un sac de papier jusqu'à refroissement. Sa peau s'enlève alors avec facilité. À ce stade, deux solutions, la princière et l'impériale. La princière : découper en lambeaux, couper de l'ail en gros morceaux, saler, poivrer, et… attendre. Un jus visqueux en sort qui laisse à croire qu'il baigne dans l'huile. Mirage des yeux et des papilles. L'impériale : en été seulement au grand soleil. Des poivrons entiers sont placés sur une planche de bois et laissés toute la journée sous le feu du soleil. Retourner le lendemain jusqu'à séchage en cuir tendre. Mettre alors en pot dans de l'huile aromatisée, saler, poivrer, saupoudrer de paprika et attendre aussi longtemps que possible, au moins 45 jours, pour les consommer après les avoir essorés au Sopalin. Avez-vous déjà eu l'impression de « manger du soleil » ?

POULET AUX 3 **POIVRONS**

Temps de préparation : 10 min
Temps de cuisson : 10 min
Pour 4 personnes

4 escalopes de poulet
bien fines

1 poivron rouge

1 poivron jaune

1 poivron vert

Jus de 2 citrons

Thym frais

Sel, poivre

- Lavez les 3 poivrons et émincez-les en fins bâton-nets. Coupez les escalopes en deux dans le sens de la longueur. Salez, poivrez et parsemez de thym frais.

- Couchez un petit fagot des 3 poivrons en travers de chaque morceau de viande, et enroulez chaque es-calope. Maintenez le tout fermé par une pique en bois pour former des minibrochettes.

- Assaisonnez légèrement de jus de citron et placez au frais 1 heure.

- Mettez un gril à viande à chauffer, une pierrade ou encore un barbecue. Sortez du frais et faites griller les brochettes pendant 8 à 10 min, en retournant à mi-cuisson.

- Arrosez à nouveau de jus de citron au moment de servir.

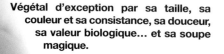

LE **POTIRON**

Végétal d'exception par sa taille, sa couleur et sa consistance, sa douceur, sa valeur biologique… et sa soupe magique.

- Ses **caractéristiques nutritionnelles** générales

Sur le plan nutritionnel, le potiron est peu calorique (26 calories pour 100 g), contient 5 g de glucides pour 100 g, mais est très riche en vitamine A (une portion de 200 g suffit à couvrir les besoins quotidiens d'un homme).

- Son rôle dans le **régime Dukan**

Dans mon régime, le potiron apporte sa richesse en pectine, la même que celle de la pomme à laquelle elle confère une bonne part de ses attributs médicinaux. Mais pour nous, c'est sa vertu de captation et d'élimination de calories intestinales piégées et éliminées avec les selles qui nous intéresse. Manger du potiron entraîne une déperdition calorique : c'est un véritable ami du « régimeur ». De plus, il possède une couleur qui charme et une douceur qui est bienvenue chez ceux qui sont privés de leurs aliments sucrés de grignotage. Une tranche de potiron bien ferme cuite à la vapeur et parsemée de vanille ou de cannelle peut détourner de ces tentations.

- Les préparations culinaires dans le **régime Dukan**

Classiquement, le potiron se prépare en soupe ou en purée que les enfants adorent en raison d'Halloween… puis de son goût. Ces enfants restent amateurs une fois devenus adultes. Un soir où il fera très froid, préparez-vous une telle soupe et versez une cuillère à soupe de Bridelight à 4 % et vous serez instantanément apaisé, réchauffé, réconforté. Personnellement, j'ai un faible pour le potiron en pavé cuit à la vapeur mais al dente pour qu'il tienne droit sans s'écraser. Et je laisse couler un très fin filet de sauce de soja. Essayez !

$\mathcal{C}$AKE AU **POTIRON**

Temps de préparation : 15 min
Temps de cuisson : 1 heure 5
Pour 8 personnes

400 g de chair de potiron

3 œufs entiers

10 gouttes d'arôme de beurre

20 gouttes d'arôme
de marron

10 cl de lait écrémé

50 g de farine complète

50 g de son d'avoine

½ sachet de levure chimique

150 g d'allumettes de poulet

100 g d'emmental râpé allégé
à 5 % (toléré)

Un peu de persil

Un peu de muscade

Sel, poivre

- Enlevez la peau du potiron et coupez la chair en dés d'environ 1 cm. Faites-les revenir dans la poêle à revêtement antiadhésif avec 4 cuillères à soupe d'eau.

- Remuez de temps en temps et n'hésitez pas à remettre de l'eau si besoin. Vérifiez la cuisson avec la pointe d'un couteau. Si cela s'enfonce bien, arrêtez le feu. Mixez en purée et réservez. Préchauffez le four à 210 °C (thermostat 7).

- Dans un saladier, battez les œufs en omelette avec les arômes. Ajoutez la purée de potiron, le lait, la farine, le son d'avoine et la levure. Mélangez bien. Incorporez les allumettes de poulet et l'emmental.

- Ajoutez un peu de persil, de muscade, du sel et du poivre. Versez dans un moule à cake ou un moule à soufflé et enfournez pendant 50 min.

- Vérifiez la cuisson avec la pointe d'un couteau.

LE **RADIS**

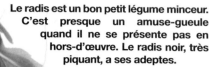

Le radis est un bon petit légume minceur. C'est presque un amuse-gueule quand il ne se présente pas en hors-d'œuvre. Le radis noir, très piquant, a ses adeptes.

• Ses **caractéristiques nutritionnelles** générales

Peu calorique, 20 calories pour 100 g, le radis, comme la plupart des légumes, est une source de vitamine C, de potassium et d'acide folique.

• Son rôle dans le **régime Dukan**

Consommé exclusivement cru, il est frais, ferme, croquant, peut se contenter de sel et éviter sans grande difficulté le beurre. Coloré et facile à transporter, il peut intéresser les femmes qui emportent leur déjeuner. Son seul inconvénient devenu important de nos jours est de le préparer, le laver, de couper les radicules et les fanes, parfois de peler une partie de sa peau, responsable de sa saveur piquante.

• Les préparations culinaires dans le **régime Dukan**

Il se déguste à la croque au sel.

ŒUFS FARCIS AU CARRÉ FRAIS 0 % ET AU **RADIS NOIR**

Temps de préparation : 10 min
Temps de cuisson : 10 min
Pour 6 personnes

50 g de radis noir râpé	6 œufs
100 g de carrés frais 0 %	Sel, poivre

- Versez de l'eau dans une casserole pour cuire les œufs pendant 10 min. Une fois cuits, écalez-les, rincez et égouttez-les.

- Coupez chaque œuf en deux moitiés égales et récupérez les jaunes en conservant les blancs fermes. Dans un bol ou un récipient, placez les carrés frais, le radis noir, les jaunes d'œufs. Salez et poivrez.

- Mélangez pour obtenir une préparation homogène, goûtez et rectifiez l'assaisonnement.

- Remplissez ensuite chaque demi-blanc d'œuf ferme à l'aide d'une petite cuillère de la préparation.

LE **SOJA**

Le germe de soja est un superbe légume minceur. Attention : soja peut signifier haricot et donc légumineuse lorsque la graine est non germée et légume après germination et que le germe a fourni en se servant des graisses et des glucides de réserves du grain.

• Ses **caractéristiques nutritionnelles** générales

Plus calorique que la majorité des légumes (57 calories pour 100 g), le soja est par ailleurs un légume médicinal. C'est le légume le plus riche en protéines d'excellentes qualités qui peut presque concurrencer la viande. Il contient aussi des phyto-estrogènes de grande utilité pour la femme ménopausée.

• Son rôle dans le **régime Dukan**

En ce qui concerne son rôle dans la minceur, il faut distinguer le haricot frais et cueilli très jeune avant qu'il ne devienne huileux et amidonneux, c'est-à-dire gras et sucré. À ce stade, le haricot précoce est très riche en protéines, rassasiant et de saveur noisette, de consistance dense. C'est un excellent adjuvant du régime Dukan. Plus âgé ou sec ou en farine, il n'entre dans le régime qu'au moment de la consolidation.

• Les préparations culinaires dans le **régime Dukan**

Le germe de soja peut se consommer cuit comme dans le chop-suey chinois, soit cru comme dans la salade vietnamienne ou thaïlandaise, accompagné de lamelles de poulet bouilli ou de crevettes et de crabe, avec une sauce où cohabitent vinaigre d'alcool et sauce de soja. C'est un produit de base du rouleau de printemps.

BOUCHÉES DE POULET ET **SOJA** À LA CHINOISE

Temps de préparation : 40 min
Temps de cuisson : 25 min
Pour 2 personnes

300 g de blancs de poulet
Germes de soja
Jus de 2 citrons

3 cuillères à soupe
de sauce de soja
1 cuillère à soupe de moutarde
Sel, poivre

- Dans un bol moyen, versez le jus de citron, la sauce de soja, la moutarde. Salez et poivrez. Ajoutez les morceaux de poulet et remuez.

- Couvrez d'un film alimentaire et réfrigérez au moins 1 heure en remuant de temps en temps.

- Allumez le four position gril ou un gril à viande ou encore une pierrade.

- Faites cuire 7 min environ.

- Tournez les morceaux et prolongez la cuisson de 7 min en arrosant encore la viande à mi-temps avec un peu de sauce restante.

- Gardez-en quelques cuillères pour faire chauffer dans la poêle et faites sauter pendant une dizaine de minutes les germes de soja.

LA **TOMATE**

La tomate est l'un des légumes les plus essentiels du régime Dukan. C'est un aliment des plus représentatifs de l'alimentation universelle. Grâce aux moyens de transport actuels, on la trouve en toutes saisons.

- **Ses caractéristiques nutritionnelles** générales
Peu calorique, 20 calories pour 100 g. La tomate est riche en vitamines B, K et C et en lycopène (son pigment d'où elle tire sa couleur, proche du carotène).

- Son rôle dans le **régime Dukan**
Aimer et consommer souvent la tomate est en soi une aide précieuse dans la lutte contre le surpoids. À l'inverse, la refuser peut faciliter la prise de poids. L'intérêt de la tomate est d'être utilisable sous toutes ses formes : en salade, à la croque au sel ou en vinaigrette. Sa peau ferme lui permet d'être facilement transportée. Elle est légèrement acidulée et juteuse, ce qui permet de la consommer sans vinaigrette (c'est-à-dire surtout sans huile). C'est le cas de la tomate à la croque au sel.

- Les préparations culinaires dans le **régime Dukan**
Cuite, elle peut être farcie à la provençale. C'est aussi l'ingrédient majeur de la ratatouille. C'est encore la substance même du gaspacho. C'est bien sûr l'ingrédient presque unique de la sauce tomate. Elle se marie très bien avec l'ail, l'échalote, le basilic, l'estragon, le thym, le laurier, l'origan et le cumin (n'oubliez pas que plus on aromatise son alimentation, plus et mieux on maigrit). Un autre mariage réussi se fait avec le poivron et l'aubergine. La tomate se marie aussi très bien avec les protéines de la mer : le thon, la sardine et le rouget, mais aussi les viandes : le bœuf, le poulet, le veau et enfin, les œufs. En conserve, la tomate existe en sauces multiples, en coulis, en légume concassé, en purée. On peut même la boire en jus à l'apéritif. Séchée, elle plisse, brunit et prend une saveur exquise. Dans son huile d'olive, il suffit de la rouler sur un Sopalin pour en faire un remarquable outil minceur.

TOMATES CŒUR DE BŒUF FARCIES

Temps de préparation : 10 min
Temps de cuisson : 45 min
Pour 2 personnes

4 grosses tomates cœur de bœuf

2 steaks hachés à 5 %

2 oignons

2 gousses d'ail

1 échalote

Persil

Sel, poivre

- Préchauffez le four à 180 °C (thermostat 6). Épluchez et hachez les oignons, l'ail, l'échalote et mettez dans une poêle antiadhésive avec 3 cuillères à soupe d'eau.

- Une fois la poêle bien chaude, ajoutez hors du feu le steak haché le persil, le sel et le poivre.

- Coupez un couvercle à 1 cm environ du bord de la tomate, creusez-la et videz-la de son jus.

- Extrayez la chair que vous allez rajouter à la farce.

- Remplissez les tomates et enfournez-les pendant 45 min à la même température.

LA **RHUBARBE**

Aliment souvent méprisé pour son action laxative et sa position bâtarde entre fruit et légume et l'obligation de la cuisiner pour la consommer.

• Ses **caractéristiques nutritionnelles** générales

Sur le plan nutritionnel, 15 calories pour 100 g est un véritable exploit et 2 g de glucides seulement. La rhubarbe est bien pourvue en vitamine C (12 mg pour 100 g) et en magnésium, ce qui lui confère tonus et détente. Attention, son action sur le transit l'écarte de l'alimentation des colitiques et des intestins très sensibles. Enfin, sa richesse en acide oxalique la rend déconseillée chez des porteurs de calculs urinaires.

• Son rôle dans le **régime Dukan**

Dans mon régime, elle a le grade de maître-aliment car c'est le seul fruit autorisé pendant la phase d'attaque et la phase de croisière qui mènent au Juste Poids. C'est la seule occasion de préparer des compotes, des marmelades dans ces deux phases qui n'en permettent pas. Avec la galette au son d'avoine, un autre maître-aliment, elle permet la préparation de tartelettes, de muffins, de crèmes et de mousses ! Pour pouvoir lui donner cette fonction, il faut l'associer à un édulcorant, l'aspartam ou des polyols pour masquer son acidité naturelle. De plus, la rhubarbe améliore le transit intestinal et pare aussi à l'un des inconvénients habituels de mon régime sans matière grasse, le ralentissement des selles. Enfin, il est difficile de faire moins calorique que la rhubarbe et si peu riche en glucides pour cet aliment qui est vécu comme un fruit.

• Les préparations culinaires dans le **régime Dukan**

Sa préparation la plus classique est la compote. Il suffit de cuire 20 minutes ses bâtonnets dans un fond d'eau jusqu'à amollir ses fibres. Puis s'arrêter pour ne pas passer à la purée. Enfin, introduire l'édulcorant. La rhubarbe se marie très bien à la cannelle, au citron et au gingembre. Elle peut être associée à des plats salés en accompagnement de viandes et de poissons. Pensez là encore au gingembre et aux grains de fenouil. On la trouve en sacs surgelée chez Picard.

CLAFOUTIS DE RHUBARBE

Temps de préparation : 10 min
Temps de cuisson : 40 min
Pour 4 personnes

600 g de rhubarbe fraîche
ou décongelée

4 œufs

400 ml de lait écrémé

20 g de Maïzena

8 cuillères à soupe
d'édulcorant en poudre
(ou davantage selon goût)

Vanille en poudre

- Battez les œufs en omelette avec l'édulcorant. Ajoutez la Maïzena préalablement délayée dans un peu de lait froid, puis ajoutez le restant du lait.

- Disposez la rhubarbe coupée en petits morceaux dans un moule antiadhésif. Versez la préparation dessus.

- Faites cuire au bain-marie dans le four, à 180 °C (thermostat 6), pendant 40 min.

A **MAYONNAISE** DUKAN

- Mettez 3 jaunes d'œufs restés à température ambiante dans un petit bol profond.

- Ajoutez 1 cuillère à café de vinaigre, 1 pincée de sel, du poivre, 1 pincée de persil (facultatif), 2 cuillères à café de moutarde puis laissez reposer 5 min sans toucher.

- Remuez délicatement le tout à l'aide d'une cuillère à café.

- Prenez un mixeur à manche et assurez-vous au préalable qu'il touche bien le fond du bol.

- Mixez le mélange en mouvements circulaires pour commencer tout en ajoutant des petits filets d'huile de paraffine.

- Au bout de 1 min, augmentez la puissance et faites des mouvements de haut en bas tout en continuant de verser l'huile par mince filet (75 ml en tout).

- Assurez-vous que la lame du mixeur est toujours en contact avec le mélange et continuez jusqu'à obtenir une mayonnaise bien ferme et blanche.

LA **VINAIGRETTE**
DUKAN

- Mettez dans un bol 1/2 cuillère à soupe de moutarde, 1 pincée de sel, du poivre, 2 cuillères à soupe de vinaigre balsamique ou autre puis mélangez le tout afin d'obtenir une sauce homogène.

- Ajoutez 2 cuillères à soupe d'huile de paraffine et 2 cuillères à soupe de Perrier puis faites mousser un peu avec une fourchette.

LA **BÉCHAMEL**
DUKAN

- Mélangez à froid le lait écrémé avec 2 cuillères à soupe de Maïzena.

- Laissez cuire quelques minutes à feu doux tout en remuant pour épaissir puis assaisonnez avec du poivre et 1 pincée de muscade.

Bienêtre

9201

Création graphique : caradine.fr / nina-ninon.com / angledroitsg.com
Achevé d'imprimer en Italie
par Grafica Veneta
le 14 mars 2010.
Dépôt légal mars 2010. EAN 9782290022986

Éditions J'ai lu
87, quai Panhard-et-Levassor, 75013 Paris
Diffusion France et étranger : Flammarion